鐵路周遊券＋青春18交通全攻略

山陰山陽

玩遍 岡山∷鳥取∷山口∷島根

世界遺產、夢幻砂丘、絕景古城、美食祭典，
最完整的自由行程規劃【2023～2024年版】

いい日旅立ち
為自己的堅持歡呼

這本以大山之陰為主的內容，是我花了將近一年時間的日本海旅行，介紹了幾個連日本人自己都認為非常沒有名氣的鳥取、島根，以及山口萩市直到角島。經過了 4 月依然冷得要命的融雪季、9 月的天晴之日、10 月的神在迎月，在即將進入冬季之前，我完整走完這一條以日本人及觀光客來說，既遙遠也很複雜，交通受限頗多的日本海行程。

在這一年中，除了毫無理智線的整理 5000 多張照片之外，又歷經了兩個月的時間，準備我的日本弓道考試與奈良的課程，真正開始動筆已經有點晚了。對於「山陰旅行的時間其實限制很多」的這本書來說，越晚完成讓人越不安，至少都得趕上 9 月的最低限度，因為 9 月不但是山陰最舒服的天氣，10 月與 11

月更是拍照的好時機；但是一到了 12 月，山陰地區便散發出一種「請勿進入」感覺。

這景象與熱鬧、慶典滿滿的日本東北相反。在山陰，寒冬渺無人煙，雪季在這裡並不浪漫（泡湯例外），因為日本海的降雪量真的不是開玩笑的！但是，融雪季節卻又是那麼的美（又冷），這真是非常微妙。我之前造訪過三次左右的山陰地區，雖然都沒有出版本書取材那一年來得完整，但也算走過了春夏秋，以及一點點的冬天。還記得第一回合的冒險，是在搭乘新幹線在岡山轉車時心血來潮，想直奔出雲大社，結果竟在米子被「鬼太郎」月台心靈阻撓，就這樣默默下車，默默轉車，默默進入境港，默默遊玩，然後已經晚上 6 點了。就這

樣，境港就花了我一天，還在鳥取臨時找房過了一夜。

　　從山口的長門湯本跟著幾個歐美人士進入湯本溫泉的那回合，由於沒有特別安排行程（走到哪玩到哪），就這樣和他們一起泡著溫泉，隔天再騎著單車，前往元乃隅稻成神社，這樣又玩了一天。是的！一個人的旅行哪需要安排？即使當天才找住宿處也無所謂，反正手上既有日本訂房系統 Jalan 可以處理，或是像

第一次去境港一樣，請鳥取國際觀光案內所，以及出雲觀光案內所所幫忙找個便宜的房間，山陰自助旅行就是這麼輕鬆，島根、鳥取兩縣就是這麼親切。這就是你不知道的在地人情味！如果你人在東京、大阪，觀光案內所的人可就不會還幫忙打電話問房間，也不會特別告訴你「雨停了，現在趕快花10分鐘走到 道湖，應該可以拍到很不一樣的夕陽！」更不會在當天幫你打電話緊急預約觀光巴士，讓你安心前往日御碕，島根和鳥取，真的是太日本了！

雖然島根、鳥取兩縣不是旅遊熱門景點，也還沒有太完整的觀光交通路線來幫助外國旅客，但他們的心和行動卻遠比大城市更令人感到溫暖，這情況大概就跟我在豐島與本島（瀨戶內海）一樣，隨時都會有人主動告訴你：「我來

幫你打電話。」「我來幫你問。」「離下班船還有一小時，我開我的漁船帶你繞一圈。」那樣的令人感心。

這一回，我完整、從頭到尾走完山陰旅行，數度寫了訊息給我的編輯：「我拍好照片了，要回家了！」結果卻又無法抑止的繼續走下去，找到美景拍了照片，持續傳了同樣的訊息給編輯。這樣反覆的次數一直到停留在島根的最後一周，才發現自己竟如此依依不捨……，因為島根好大好美，多麼想繼續走下去，要不是荷包已經扁了，加上得預留旅費，不然我是多麼想再繞島根一圈；多麼想早上都到服部咖啡館吃早餐，晚餐都回到那家開到深夜11點的拉麵店，吃碗拉麵點杯啤酒（說到這個我還差幾點就可以免費換啤酒一杯了）。「旅立ち」的當下，那個停留時刻，你會發現原來自

己的堅持是對的，那與眾不同的選擇是
正確的，因為你想要的，都呈現在鏡頭
下，都記憶在腦海中，那張在羽衣池中
溶解的願望，就算不會真的實現，卻在
當下帶來純粹的希望。

　　我不知道下本書要寫哪裡，即使想
過了甲信越路線，以及自己相當喜愛的
「東海三子」路線，以及一直想要再去
一趟的南三陸海岸，但依然很怕收到這
樣的回應：「這些地方很冷門、這些地
方沒聽過、這些地方沒有 JR 套票」等等，
可是寫自由行旅程規劃，「不就是要介
紹這麼冷門的地方，好讓每個旅者都來
個大冒險嗎？」下一趟旅行，我暫時沒
有頭緒，但也許你了解，不妨告訴我，
在許多大景點都被中國觀光客占領的日
本，你究竟還想去哪裡？

vidoli
2023

目錄 contents

Part 4　晴天之國──岡山

Part 5　政治人物的搖籃──山口

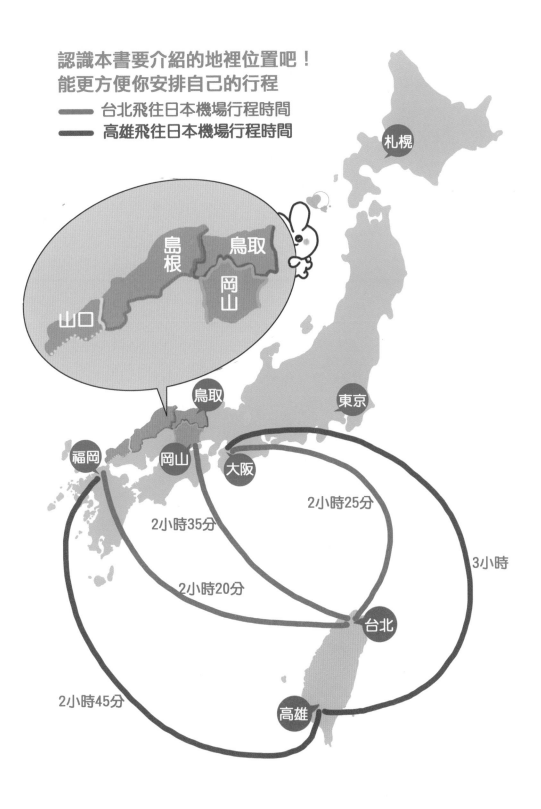

Part 1

行前準備
仙境般的山陰山陽

- 中國地區，山陰和山陽概述

- 從哪一個機場出入境？

- 青春 18 與 JR 鐵路周遊券的購票方式

- 怎麼搭配各種鐵路周遊券

- 各地的 3 日小旅行

- 利用電車與巴士、觀光計程車搭配玩樂

- 行李寄放

- 在山陰山陽遊玩很重要的 APP

- 關於本書的歷史、路線、地圖、小知識

中國地區
山陰和山陽概述

　　緊靠著日本海的山陰，有著東西走向的綿延山脈，尤其在中國地區（ちゅうごくちほう），也就是山陰和山陽一帶，群山林立，還隔出兩種地形。一直以來這兩個地方若要直接相通，都需要越過重重群山、翻山越嶺才能達成。除非遠從京都北部一路沿著日本海進入山陰兩縣（鳥取、島根），不然交通都頗為辛苦。想想看戰國三雄之一的織田信長，直到本能寺之變，都未能拿下中國地區，可見這裡的險峻。畢竟，要直接穿越山脈的阻礙攻城，可不如想像簡單。

　　也因為如此，這個將整個中國地區硬切成山陰、山陽的「大山」群山，讓從日本海吹來的寒風、冷氣團進不了山陽地區，使瀨戶內海沿岸因此獲得了溫暖，也就造就了山陰地區的神話故事背景，以及特殊氣候。

　　由於東北季風的吹拂，冬天的山陰相對較冷，要直到 4、5 月才開始溫暖的氣候，建議前往山陰旅行時，可安排在春末和 11 月中旬之前，以避開寒冷的氣候。日本海的寒冷以及陰晴不定的天氣是很拿捏的，不過若你是專門為了滑雪或是泡溫泉而前往，那麼山陰的滑雪場將會是滑雪高手的好選擇，這裡的降雪量多，雪質較好，幾個滑雪場都頗為推薦，尤其以大山滑雪場最為聞名。至於溫泉那就更不用說了，沿著山陰鐵路線，幾乎每一站都隱藏著一個絕佳溫泉。

　　這次我們以最近，也較能看到更多山陰美景的方式，從山陽的岡山縣進入，沿著山陰鐵路線，前往鳥取、島根，順道介紹山口北部，最後選擇從福岡機場

回程,用一個逆時針、順路的方式直達機場。當然,你也可以選擇在中國地區(山陽與山陰)繞一圈,同樣從岡山機場回程,或是搭外國人專用的觀光巴士從鳥取回到大阪。如何安排機場出入和旅遊行程,請依個人喜好,但由於這趟旅程必定會在交通上花掉不少時間,請用 7 到 10 天以上的長時間旅行的方式來進行這次的「山陰山陽假期」。

中國地區・概況懶人包		山陰(西邊)	山陽(東邊)
	涵 蓋 縣 市	緊靠日本海的鳥取、島根,以及一半的山口縣	靠近瀨戶內海的廣島、岡山,以及一半的山口縣
	最 高 山 峰	大山連峰	
	主 要 鐵 路 線	山陰本線、山陽新幹線	
	外國人進出機場	岡山機場、福岡機場(九州)、關西機場	

從那一個機場出入境？

選擇由哪一個機場進出，關乎行程的安排。當然，對於自由行很熟的旅人來講，廉價航空是最方便的，因為可以選擇不同的機場進出，時間上也能因為不同航空公司來自由搭配，此次介紹三個不同機場進出的方式，供旅人參考，不過還是要配合旅行的日期和住宿便利性來決定。而且隨著疫情解封、國境開放，相信原本就有的航線、小型機場會再度開放

啟，以下就是以會再度開啟的狀態，或是先到達關西國際機場後，再轉日本國內機場線的方式，進入中國地區。本書的做法，是以可以分開購買機票的廉價航空為主；傳統航空為同一機場進出。

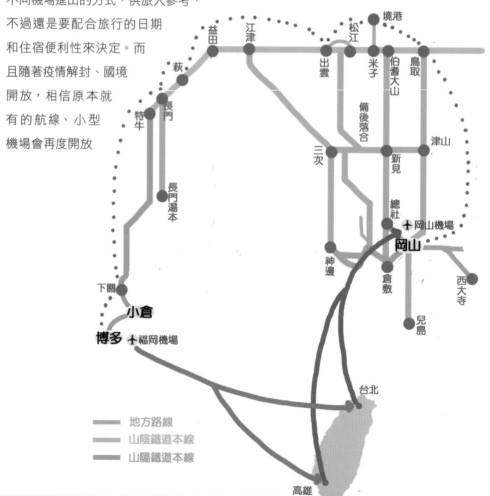

地方路線
山陰鐵道本線
山陽鐵道本線

✈ 岡山機場進（虎航）→福岡機場出（星宇）

這條路線剛好是依序介紹岡山→鳥取→島根以及山口縣北部，也就是逆時針方式前進。若以順時針方式來看，由岡山機場進，福岡機場出似乎是最完美的，雖然無法用甲機場進乙機場出的方式購買正統航班，但是卻能夠利用彈性靈活的廉價航空。

不過要注意的是，目前這兩個機場可直接往返桃國國際機場的航班不算多，尤其是前往岡山，一周只有幾個限定的班次。至於從福岡回到桃園國際機場，以「星宇航空」為例，出境的時間則還在調整中，這一點在購買機票和預訂住宿時要特別注意。雖然是順向的行程，但航班的時間點是否符合你的需求，務必再三確認。另外一種就是逆向前進，以福岡機場為起點（有電車到達機場國內線，並免費接駁至國際線），然後一路向北玩到岡山，再從岡山機場回到台灣。時間上的調配，完全看你如何計畫。

INFO 岡山機場

這是座小小機場，請記得搭接駁車！

雖然說岡山機場有開放國際線，但畢竟只是個提供日本國內線的小小機場。比起其他交通方便的機場來說，岡山機場的往來方式沒有想像中簡單，既沒有電車，也沒有飯店巴士，只能仰賴往來於 JR 岡山站（和 JR 倉敷站）的巴士，才能順利進入岡山市區。所幸這個選項並不會花費太多時間，但請記得上車前，務必先在「自動販票機」購買車票（也可使用交通 IC 卡，或找服務台由專人服務）。

■接駁車位置：2 號站牌／票價：780 日圓

✈ 岡山機場進→岡山機場出

從岡山機場進出，等於是甲地進甲地出，正統航班也能適用，不須遷就廉價航空的飛航日期。不過若是從岡山機場進出，那麼不妨就直接繞整個中國地區，也就是包括山口縣南邊（下關方向與山口市），以及廣島縣。如果利用這種走法來玩，會建議購買「山陽＆山陰地區鐵路遊券」，就能夠搭乘山陽新幹線自由往來，也能走到世界遺產嚴島神社。不過由於本書並不介紹山陽旅行，這部份只好先跳過了。

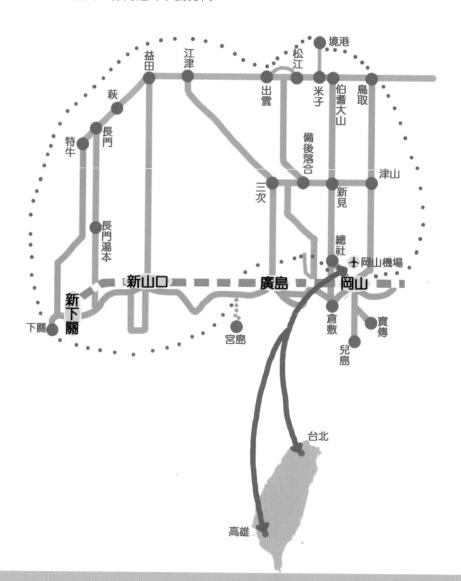

✈ 岡山機場進→關西國際機場出

這樣的機場進出安排，其實是想要利用鳥取的便宜、外國觀光旅客限定超值巴士，順便回到大阪、京都等地一遊，再從關西國際機場出境。當然，行程上會安排得更多，日程也相對的會增加。這個進出方式唯一的好處是，若搭乘廉價航空，從關西國際機場出境的航班選擇性很多，時段上也很好控制，最晚的班機可以在晚上 10:00 才出發（日本時間），完全沒有趕不上飛機的緊張感。若是想利用這樣的方式進出日本，所搭配的周遊券當然又不一樣了，還要記得如何購買巴士票券，怎樣才能善用日本鐵路周遊券＋各項交通工具的搭配方式，是每一個喜歡日本自由行的人都必須學會的課題。

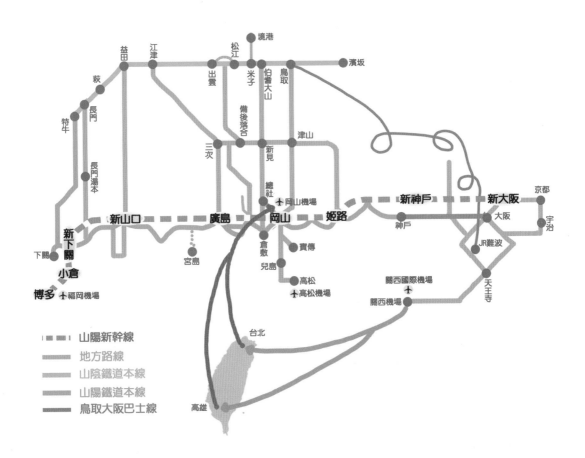

PLUS
期間限定交通票券 ——————————————

　　為了吸引更多大阪的觀光客也前往鳥取玩樂（只需短短180分鐘車程），這幾年鳥取推出了外國觀光客限定的超值巴士，畢竟鳥取砂丘遠近馳名啊！若到大阪玩樂，不妨也把鳥取加入行程中喔！

外國觀光旅客限定・超值巴士	販 售 期 間	每年 6 月 1 日～ 10 月 31 日（冬天遊客少，因為氣候寒冷）	
	往 返 地 點	鳥取市⟷大阪難波 OCAT（往返皆有巴士）	鳥取市→大阪難波 OCAT →南海電車→關西國際機場（機場特急電車）
	價　　　格	單程 1,000 日圓	單程 2,450 日圓（單程）
	購 買 處／營 業 時 間	1. 關西機場第一航廈，關西遊客問訊處／ 8:00~20:00 2. 大阪難波 OCAT ／ 6:30~20:30 3. 鳥取巴士站／ 5:30~20:00	
	網　　　址	https://www.tottori-tour.jp/zh-tw/access/ ＊購買時務必出示護照，才能享有優惠	

青春 18 與 JR 鐵路周遊券的購票方式

　　什麼是青春 18 ？青春 18 是 JR 鐵路公司針對日本國內鐵路使用者，可以用便宜的價格搭乘 JR 鐵路長征的套票。每一份（一張票）青春 18 有 5 格（5 回）可用，只要在規定的日期內使用完畢就可以（通常會有 2 至 3 個月的時間）。這 5 次是不記名的，也就是説，自己可以使用 5 次，也可以找 5 個朋友一同出遊各用 1 次。每張票都是 24 小時內不限自由上下車，對於喜愛在日本國內旅行的人來説是一份很好用的套票，由於 5 次份量的票券大約是 12,050 日圓左右，平均下來一次只需要 2,410 日圓左右，深受喜愛慢遊的旅人喜愛。加上它沒有使用地區的限制，在常有慢車的山陰地區相當適用，有些日本人也會利用在返鄉或是團體旅行上。

　　青春 18 對於交通費昂貴的日本來説，是一種相當經濟實惠的票券。即使它不能搭乘特急列車和新幹線列車，但對於僅搭乘快速列車或普通列車就能滿足的旅人來説，就已足夠。每年青春 18 的宣傳海報一出爐，旅遊主題也都是放在普通列車就可以到達的特別車站，像是四國的下灘站、若櫻鐵道的悠閒景緻。

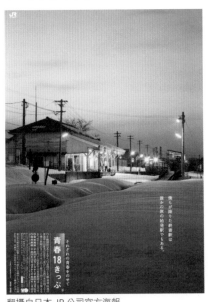

翻攝自日本 JR 公司官方海報

不過青春 18 對於追求時間性的人，以及針對外國人本來就有折扣的各種 JR 周遊券來說，相對起來用處就不大了。畢竟某些地區的交通周遊券，算起來一天的價格也差不多，更何況還可以搭乘特急列車與新幹線，也沒有季節上的限制，所以比較起來，外國人使用青春 18 算低。除非不想每天連續搭車，或想要站站下車，以及有興趣前往多慢車也多絕景的地方，就可以與外國人的 JR 鐵路周遊券搭配使用（因為周遊券雖便宜，卻也要連續使用）。如果你是有心待在中國地區，甚至想前往更遠的九州、四國旅行，或是玩那些連特急列車也沒有的地區（例如山口縣的山陰地方，四國高知的四萬十），不然身為一般外國遊客、假期有限的我們，通常跟青春 18 的緣分算是少了點。

青春 18 中文說明

青春 18 相關規定

1‧ 沒有年齡限制，18 歲和 81 歲一樣可以購買和使用啊！

2‧ 一份青春 18 共有 5 回的使用格子，只要在期間內使用完畢即可。

3‧ 票價約在 12,050 日圓；約 3,000 至 3,100 元台幣（視匯率而定）。

4‧ 不記名，可買多份 1 人使用，也可以 5 人同時使用一份。

5‧ 購買處：全日本 JR 車站綠色窗口皆可購買。

6‧ 發售日：春季、夏季和冬季發售，一年發售三次。

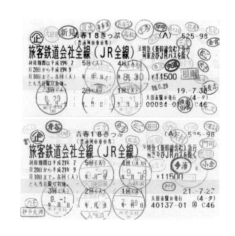

【優點】沒有使用地區的限制；最北到北海道，最南到鹿而島皆可使用，使用期間也較長，也可以搭乘從廣島前往宮島的 JR 渡輪。

【缺點】不能搭乘特急列車及新幹線列車，也沒有兒童票。價格均一，有發售時間與使用期間的限制。

外國人周遊券 (JR PASS) 相關規定

1. 只要持旅行簽證的外國人（持非日本國護照者）皆可使用。
2. 購買時要出示護照，並且記名。每人在同樣的日期僅可購買一次，1人可購買多張周遊券，但必須錯開日期。
3. 適合在 90 天內前往日本旅行者使用（需要有觀光旅行入境證明）。
4. 必須利用 JR 車站旁的白色服務窗口進出。
5. 票價依不同的使用範圍與地區定價。
6. 購買處：在台灣，可在出發前先至指定旅行社預購，折扣約 1,000 日圓；也可抵達日本後於 JR 車站綠色窗口購買（有些需要在指定車站），需出示護照才可購買，加上得記名，所以只可買自己的。
7. 發售日：全年。

【優點】可搭乘所有 JR 列車，包括特急列車與新幹線，還有部分觀光列車（搭乘前請查詢），也可搭乘 JR 渡輪；某些地區可搭乘 JR 巴士。沒有發售日期的限制，有兒童票價。

【缺點】必須在規定時間內用完，有些周遊券必須依購買天數連續使用。不可以跨區使用，不可超過使用範圍的路線使用，價格依不同使用範圍而定。

怎麼搭配各種鐵路周遊券

外國人優惠周遊券，又稱 JR PASS，絕對是深深吸引外國人拚命往日本跑的原因之一。在交通費用昂貴的日本，有各式各樣的優惠周遊券真的很吸引人啊！尤其是沒車、沒錢的自由行同好，近地騎單車，遠地搭列車，這是一種旅行的鐵則，但是就算 JR 這麼好心，願意幫你把所有的周遊券統一成一張「全日本 JR 鐵路周遊券」，但價格與天數卻沒有這麼親人。想想看，你要如何規劃連續用 7 天來跑完整個日本？況且票價要接近 40,000 日圓！

旅行要量力而為，人在哪裡，想去哪裡，就買當地的周遊券。精打細算才是成為自由行旅人的要件之一，花大錢的跑不了幾個地方，只能說是有錢人的慷慨罷了。善用地點、善用周遊券、善用交通工具，才能成為全能的自由行旅人。針對在中國地區的「山陰山陽假期」玩樂計畫，與各種周遊券的搭配、安排，接下來的計畫都以 10 天作基本天數計算。

行經山陰以及岡山的電車路線

== JR東海道新幹線
== JR山陰本線及在來線
== 一畑電車
== 奧出雲線

票　　券	山陰 & 岡山地區鐵路周遊券		山陽 & 山陰地區鐵路周遊券	
有效天數	連續使用 4 天		連續使用 7 天	
日本境外購　　買	4,580 日圓（大人）	2,290 日圓（兒童）	20,000 日圓（大人）	10,000 日圓（兒童）
日本境內購　　買	5,560 日圓（大人）	2,800 日圓（兒童）	22,000 日圓（大人）	11,000 日圓（兒童）
無法搭乘	山陽新幹線（新大阪⇔博多）		東海道新幹線（新大阪⇔東京）	九州新幹線（博多⇔鹿兒島中央）
網　　址				

周遊券比較（均為 JR 西日本鐵路發售）

單純的山陰之旅

可購買「山陰 & 岡山地區鐵路周遊券」，若在青春 18 發售期間，也可以購買青春 18 穿插沒有使用周遊券的日期。

「山陰 & 岡山地區鐵路周遊券」的範圍主要在岡山，以及從岡山發散出去，前往鳥取和島根的列車。途中，可以前往岡山高梁市去看天空之城，也可以前往稍遠的島根參拜出雲大社。尤其，山陰地區有許多知名溫泉，這些理由都足以讓你花上 10 天的時間在山陰旅行。説

實在的，10 天還真的不夠你在山陰玩耍，岡山、鳥取、島根、山口，這四個截然不同的地方，絕對玩不夠！

<table>
<tr><td rowspan="11">10天的山陰假期</td><td>購買票券</td><td colspan="2">山陰 & 岡山地區鐵路周遊券
青春 18 票券
鳥取前往大阪「外國觀光旅客限定 · 超值巴士」</td></tr>
<tr><td>進　出</td><td colspan="2">岡山機場進，關西國際機場出</td></tr>
<tr><td>天　數</td><td>地　點</td><td>使用票券</td></tr>
<tr><td>第 1 天</td><td>航班降落岡山機場，搭乘巴士進入市區，安排岡山市區之旅</td><td>無</td></tr>
<tr><td>第 2 天</td><td>岡山—倉敷</td><td>山陰周遊券</td></tr>
<tr><td>第 3 天</td><td>岡山—吉備路（冬天太冷不適合）
岡山—兒島</td><td>山陰周遊券或青春 18</td></tr>
<tr><td>第 4 天</td><td>岡山—高梁—前往島根住宿處
（設定在松江市）</td><td>山陰周遊券或青春 18</td></tr>
<tr><td>第 5 天</td><td>島根—出雲</td><td>山陰周遊券或一畑電車</td></tr>
<tr><td>第 6 天</td><td>島根—松江</td><td>巴士 1 日券</td></tr>
<tr><td>第 7 天</td><td>島根—鳥取</td><td>山陰周遊券或青春 18</td></tr>
<tr><td>第 8 天</td><td>鳥取—鳥取砂丘</td><td>巴士 1 日券</td></tr>
<tr><td>第 9 天</td><td>鳥取—倉吉</td><td>山陰周遊券或青春 18</td></tr>
<tr><td>第 10 天</td><td>鳥取—大阪難波 OCAT</td><td>外國觀光旅客限定超值巴士</td></tr>
</table>

行程再延伸，一起去關西玩吧！

這是一種可以無限延伸，再往近畿跑為概念的行程。如果你的時間充足，比起小小的岡山機場或福岡機場，你更喜歡從關西國際機場進出；又或者是，還想在大阪與京都享受一下血拼的購物感和古都的文化感。即使已經到過近畿無數次，回程走近畿總是令人難以忘懷，若你也可以喜歡像我這樣往近畿地方跑，這樣的行程只需要支付高速巴士少許的費用（外國人優惠），180 分鐘就直達大阪，我個人是相當喜愛這個行程優惠的。

對台灣一般遊客來說，在日本旅行安排的時間都不太長，10 天或 14 天大概就是極致。畢竟我們離日本非常近，來往一趟的機票也不貴，不像歐美人士每回一趟日本之旅就花上一個多月。所以在山陰山陽旅行，只安排 5 天到 7 天左右其實是十分可惜的，因為交通的時間太長，隱藏的景點太多。

如果你覺得 10 天的假期已經是個極限，想從大自然回到大城市的話，建議從島取搭乘外國人專用的優惠長途巴士回到大阪。這個單趟車程大約 3 小時，只需要花上 1,000 日圓的長途巴士搭乘起來非常舒服，一人一座位，不須跟別人靠緊緊，中途也不會停靠休息站，而且車上還附有簡單的洗手間。搭乘日本這類長途巴士是相當舒服的，位子也夠大，外國人只要花平常的四分之一價格就可以坐的巴士，怎麼算也比另外買套票或是單獨買票前往大阪來得便宜許多（需留意巴士優惠、特價期間）。

現在我們就假設你有兩週，也就是 14 天的行程，其中 10 天在山陰玩樂，剩下的 4 天則前往關西。相同的，你也可以先玩大阪，再到鳥取，接著再繼續你的山陰行程，只要將行程反過來使用即可。但此時請注意，在關西國際機場即可買到阪急電車套票，刷 JCB 卡可折價 100 日圓。來看看下表怎麼安排行程吧！

14天的山陰假期再延伸	購買票券	鳥取前往大阪「外國觀光旅客限定‧超值巴士」各類關西套票（下方安排大阪、京都兩地）	
	進　出	岡山機場進，關西國際機場出	
	天　數	地　點	使用票券
		第 1 至 9 天行程，請參考上一頁山陰假期的 9 天規劃	
	第 10 天	鳥取—大阪難波 OCAT；在 OCAT 就可以直接購買「阪急電車 2 日券」（出示護照）	外國觀光旅客限定超值巴士大阪地下鐵
	第 11 天	大阪—京都	阪急電車 2 日券
	第 12 天	大阪—京都	阪急電車 2 日券
	第 13 天	大阪	可購買大阪地下鐵 1 日券
	第 14 天	大阪，前往關西國際機場	―

PLUS
划算票券資訊

阪急電車 2 日券

【問】為什麼推薦阪急電車 2 日券？

【答】當然最重要是因為 2 日券只要 1,200 日圓！

若只買 1 日券就要 700 日圓，2 日券當然划算很多。外國觀光旅客專用，而且阪急電車幾乎都會停靠並到達大阪至京都的各大景點，包括大阪枚方（V6 岡田准一擔任園長的遊樂園）、京都宇治、京都稻荷、京都祇園、京都下鴨神社、京都河原町，再連結至鞍馬山等等；可自由上下車，方便划算並能快速的抵達大景點，完全不需要再花腦筋計畫大城市的旅遊，上車、下車，抵達景點玩樂就對了。

多一點距離前往山陽

　　當然，也可以買整個山陽山陰的周遊券，玩遍中國地區，經過維新聖地山口縣：可以大嚐穴子魚、章魚跟大蚵蠣（秋冬）的廣島。不過山口縣的交通比島根更麻煩，加上地緣幅度廣大，若有搭上好幾小時電車的心理準備，再嘗試玩透中國地區吧！

（＊超匆忙，建議還是多玩幾天吧！）

10天的山陰山陽假期

購買票券	山陽 & 山陰地區鐵路周遊券 青春 18 票券	
進　　出	岡山機場進，岡山機場出	
天　　數	地　　點	使用票券
第 1 天	航班降落岡山機場，搭乘巴士進入市區，安排岡山市區之旅	無
第 2 天	岡山—倉敷	可不用周遊券或使用青春 18
第 3 天	岡山—廣島市區	山陽山陰周遊券
第 4 天	廣島—宮島	山陽山陰周遊券
第 5 天	廣島—山口市周邊或到下關	山陽山陰周遊券
第 6 天	山口—萩市	山陽山陰周遊券或使用青春 18
第 7 天	萩市—島根出雲	山陽山陰周遊券或使用青春 18
第 8 天	島根—松江	山陽山陰周遊券或使用青春 18
第 9 天	島根—鳥取	山陽山陰周遊券或使用青春 18
第 10 天	鳥取—岡山機場	山陽山陰周遊券

山陰，一直都是日本海沿岸最美的地方。當然，也因為交通問題，常被旅行者排除在外，畢竟這是一個需要長時間才足以玩遍的地方。特別的是，也曾有過5月到秋天（東北季風的關係，冬天無法出航），有從基隆港前往島根的郵輪行程，這也為只想單純前往出雲的旅行者，提供一個不錯的選擇，是否有相同的航線，請自行洽詢。

INFO　公主郵輪

從基隆港出發的郵輪都會在五月起航（季風的關係），抵達世界各地。但由於郵輪公司的旅遊行程安排，變化相當多，不保證每年都有前往島根、鳥取港口的行程。不過，日本航線有抵達山陰「境港・岸上觀光」的選項，可拜訪出雲大社和松江城等景點，有意者請多留意相關網站，或自行洽詢。

網址：http://www.princesscruises.com.tw/

各地的 3 日小旅行

理解進出機場、「鐵路周遊券」和「青春 18」的不同，以及 10 天和 14 天的旅遊安排之後，你也可以自己簡單規劃屬於自己的山陰山陽小旅行。

島根 3 日遊

　　我們安排 3 天在島根玩的行程，預設住宿地點為松江市，移動時間安排在早上，來看看玩島根要怎麼玩才最滿足；更多景點可參考本書第 42 至 115 頁。

天數	早上	中／下午	晚上
第 1 天	交通時間	島根市區，走訪松江城、城下町、宍道湖	夜晚，市區用餐的地方很多，有些會開到 24 點，無須擔心
	＊熱鬧的北口可以逛很久，其實島根是很好逛街的地方。		
第 2 天	前往出雲大社	出雲大社門前町、出雲大社	
	＊搭 JR 鐵路？還是一畑電車？這部分一開始就要選擇好。		
第 3 天	在 JR 大田站寄放行李；提早出發	這一天安排石見銀山。由於 JR 大田站到石見銀山需要轉搭巴士，早一點出發可到觀光案內所多拿一些地圖及巴士表。	
	＊由於石見銀山的設施大多開到 17:00，盡量在 17:30 前逛完，就可以趕上 18:00 左右的巴士回到 JR 大田站。		

＊此例為非假日

鳥取 3 日遊

接下來安排 3 天在鳥取玩的行程，預設住宿地點為鳥取市，移動時間安排在早上，來看看怎麼遊玩鳥取最實惠；更多景點可參考本書第 118 至 175 頁。

天數	早上	中／下午	晚上
第 1 天	交通時間	前往境港、米子	米子用餐，挑選一個溫泉來泡，再搭 JR 回住宿地點
	＊雖然 JR 開到 24 點，但越晚車次越少，請注意回家時間。		
第 2 天	白兔海岸	浦富海岸、鳥取砂丘、砂之美術館	
	＊由於巴士的關係，在此處無法晚回，如果不是遇到週日，建議當晚就要回榮町商店街中找晚餐吃。		
第 3 天	在 JR 由良站寄放行李，從此處前往柯南之家	JR 倉吉，因為要搭巴士，請注意時間	傍晚前往 JR 赤崎，前往鳴石海岸，再回到 JR 由良拿行李，前往下個住宿地點
	＊最後一天當作行動日，記得要把行李帶出來，JR 車站都開得晚，JR 由良站或倉吉站都算是大站，這兩站都可以寄放行李。		

＊此例為非假日

33

岡山 3 日遊

　　然後來安排 3 天在岡山玩的行程，
預設住宿地點為岡山市，移動時間安排
在早上，來看看怎麼遊玩鳥取最好玩；
更多景點可參考本書第 178 至 225 頁。

天數	早上	中／下午	晚上
第 1 天	交通時間	岡山市區，走訪岡山城、後樂園等地	岡山用餐，岡山有些商店或者 PUB 是晚上營業，但商店街沒有
	＊路面電車的營運時間可能有到很晚，但若只是在岡山周邊玩樂，同時住在 JR 岡山站附近，因為距離很近，步行也無妨。		
第 2 天	前往倉敷	倉敷一日遊，包括倉敷老街、乘船、逛街等。晚餐建議也在倉敷用餐（倉敷商店街），這樣回到 JR 岡山站就不用再找吃的了	
	＊雖然倉敷可以玩一整天，但也請注意回程時間，因為回到岡山市也是需要一段時間。若想回到岡山用晚餐，JR 岡山站與路面電車的地下聯絡道有食堂。		
第 3 天	在 JR 岡山站行李，再前往 JR 備前一宮站	吉備單車道一日或半日遊。如果有心騎上一天慢慢玩，約 18:00 前一定要還車	若你租單車騎到 JR 總社站，就再搭電車從總社站直接回到 JR 岡山站
	＊最後一天當作行動日，記得要把行李帶出來，JR 岡山站最適合寄放行李。		

＊此例為非假日

山口 3 日遊

　　這裡介紹的則是安排 3 天在山口玩的行程，預設住宿地點為荻市，移動時間安排在早上，來看看怎麼遊玩山口最充實。山口旅行需要比一般更多的體力，加油！更多景點可參考本書第 228 至 253 頁。

天數	早上	中／下午	晚上
第 1 天	交通時間	入住東荻的溫泉飯店或是旅館，好整以暇後，在荻市城跡做半日遊	回到溫泉飯店享受
	＊往山口方向的電車多是每站都停的普通車，可先在 JR 益田站換車。		
第 2 天	若荻市溫泉飯店只住一晚，可把行李放在 JR 車站寄物櫃，走維新行程，前往白壁土牆老街	可逛逛松陰神社和周邊，同時確認當晚住的地方。若是有安排住在湯本溫泉，請提早搭車，走美禰線的方向前往 JR 長門湯本站	
	＊荻市老街與松陰神社有一段距離，這段時間要抓好，如果要移動，也請盡量在傍晚前移動，這樣到湯本溫泉才不會太晚。		
第 3 天	帶著行李搭車到最近的 JR 車站	前往「日本美景 31」地區，決定是否要刻苦騎單車，或是走豪華包車行程，但都請記得將行李帶上	
	＊最後一天當作行動日，記得要把行李帶出來，JR 長門站最適合寄放行李。		

＊此例為非假日

利用電車與巴士、觀光計程車搭配玩樂

山陰地區的交通不像其他地區鐵道線幅員廣闊，移動大部分還是利用巴士（公車）較多，尤其在鳥取與島根這兩個地方，搭乘巴士是到達深山或海邊的主要方式。大部分的巴士站都在火車站之前，這一點請放心。有些地方也可以用單車來取代，至於想到遠一點的地方，則可利用共乘計程車。

也許是因為山陰地區努力推廣觀光中，許多觀光計程車、觀光巡迴巴士等都比一般地區來得便宜，像是鳥取的倉吉，巴士接駁時間以及注意巴士抵達的時間，是非常重要的！若是前往島根的石見銀山，更要注意最晚班次的時間限制。另外還有前往岡山高梁市的天空之城，可以試著搭乘共乘計程車前往。在山陰旅行，不同的交通工具都必須與火車互相搭配，才能輕鬆快速的抵達目的地。這些資訊都必須在出發前就先研究清楚，若是到了當地才搜尋，那就太晚、太浪費時間了。

在本書中，需要透過電車＋巴士，或是電車＋共乘計程車抵達的景點，都會在文中給予提醒。當然，也要注意最後一班巴士的回程時間喔！

INFO　觀光計程車、共乘計程車資訊

■ 鳥取市國際遊客支援中心（可下載、索取地圖）

　地址：鳥取市東品治 111-1（JR 鳥取車站北口，往東走 70 公尺處；出站後，約 3 分鐘即可到達，可預約觀光計程車）

　網址：http://www.torican.jp/

■松江國際觀光案內所

　地址：島根縣松江市朝日町 665（JR 松江站北口出站後，步行時間約 2 分鐘）

　網址：https://www.kankou-matsue.jp/

行李寄放

長距離旅行最麻煩的絕對是行李（無誤），尤其是跨縣市的旅行，在每個地點都會買一些伴手禮，這樣一來，走越遠，行李就越重。如果是攜帶行李四處移動、旅行，請務必把行李寄放好，像是到 JR 車站裡尋找一日行李寄放處（通常營業到晚上八點），或者是寄放在觀光案內所（通常營業到六點）。

行李置物櫃會依照行李的大小來計算寄放的價錢，單次費用大多是 500 日圓到 800 日圓。至於一日的行李寄放處則多是固定費用，像是 JR 岡山站的行李寄放處，大約一日為 800 日圓（不論大小）。

有時候我們會因為想省錢而將行李拖著跑，但個人覺得此舉非常不智，光是行李本身的重量會拖慢走路的速度不說，每次都要提著它上下車、走樓梯也是種麻煩。寄放行李雖然會花一點錢，但絕對比拖著行李跑值得！尤其是到溫泉旅館過夜，基本上我會先整理出一個小包，內裝換洗衣服，然後將行李放進寄物櫃，就可以帶著小包前往溫泉旅館了，隔天再來取回自己的行李，十分便利輕鬆。

有時移動的距離長了點，也沒有打算帶著行李奔波的計畫，那麼不妨先請前一個飯店協助預約宅配，將行李宅配到下一個飯店（請記得提醒下一個飯店）。至於人，只要背著小包包就可以到處跑了。

每次的旅行我都在盡量縮減行李，包括重量，但仍少不了一些東西，所以就把重要之物放在身邊，簡單帶著換洗衣物，就能進行長距離旅行。至於惱人的行李，就交給置物櫃或是宅配公司吧！

你問如何宅配？其實很簡單，如果你住的是飯店或是青年旅館，只要告訴工作人員你需要宅配行李，約定好的那天將行李交給飯店或旅館，宅配公司就會自動收走，然後快速送到另一個飯店。當然，還是得另外準備一個小包，放置一些隨身衣物喔！

在山陰山陽遊玩很重要的 APP

在山陰旅行不像其他地區來得方便，交通上必須多重搭配：包括列車的轉乘、轉搭巴士（公車）的時間。最重要的是，得先了解交通上會花費的時間，因為這些寶貴的轉乘時間，最久有可能會讓你繼續等上 1 至 2 小時。趕緊利用 APP 來順利搭上車，用快速的方式前進。

在到處都有免費無線 Wi-Fi 的時代，拿出地圖來找路早就落伍了（當然，要買紙本地圖也可以）。手機打開 GPS，google map 馬上告訴你路該怎麼走。沒有特別的導航軟體也沒關係，只要有了 google map，至少沒有迷路之虞。

另外一個就是千千萬萬一定要有個特別的行程與旅遊導覽，就是：「各地的觀光案內所」。日本就算是小到一個觀光區，裡面也是藏有觀光案內所的；非常實用、便利的觀光案內所，即使不懂日文，一樣可以獲得許多你要的資訊。

交通轉乘

交通轉乘軟體在日本非常重要，不管是大都市或是小縣市，只要有車，電車也好，地下鐵也罷，就連巴士也有 APP，這樣的交通轉乘工具才是好用的。日本本身有很多不同的轉乘軟體，可依據使用習慣、手機類型在出發前下載。在此推薦是較簡單方便，一看便懂的軟體。

中文觀光案內所

鳥取、島根、山口有各自的中文觀光案內所網站。它們雖然不會告訴你交通轉乘的時間，但是會說明在哪個站下車，大概要如何換車等等。或是這附近有哪些其他比較知名的觀光區域以及應景的祭典。

山口中文觀光案內所

岡山中文觀光案內所

鳥取中文觀光案內所

島根中文觀光案內所

查詢卡片餘額 APP

　　雖然在島根和鳥取似乎很少使用交通 IC 卡，如 Suica、ICOCA，但有很多店家還是可以使用，例如便利商店，畢竟「嗶」一下很快，而且搭乘在來線時也很方便（雖然山陰地區很多在來線是抽整理券）。不過還是推薦一個很好用的「日本的交通卡餘額查詢」APP，可以

把所有的卡片存進這個 APP 中，隨時可以查詢得到，請記得，要把卡片緊貼在手機背後才能讀入資訊。除了交通卡外，T-Point 和 D-Point，包括樂天 Point 都可以存入，預設值的卡面都是 Suica，請自行修改。

ios

android

關於本書的歷史、路線、地圖、小知識

　　山陰地區的歷史，上通神話，再通戰國時代，然後一直發展到明治維新，都相當熱鬧。就連在鐵道史的發展上，在原是山陰終點的出雲「大社站」（大社駅），也是古意盎然。

　　山陰的意思就是「山的背面」，這裡指的山則是橫越在中國地區，東西走向的「大山」群山。舊時曰：「山南為陽、山北為陰。」想當然爾，山陰的意思就是山的北面了。一般，我們會以為山陰的名稱是因為背對太陽升起的位置，當然這也不算錯，因為在山陰地區，夕陽的美是無與倫比的。

　　在這本書中，由於歷史與神話性相當強，而且會在文中不經意出現一些小說明，有時是歷史的講解，有時是神話

的由來，最重要的還有溫泉區的介紹。由於山陰地區的溫泉真是滿滿滿，有些小車站所屬的溫泉區就有三個之多，其中不乏知名溫泉，例如以美肌湯聞名的玉造溫泉，但因為本書並不是溫泉旅遊書，所以溫泉區域也只會用附加說明的方式帶過，並將主要重點擺在幅員遼闊的山陰地區，以及海鮮豐富的日本沿海，當然還有神話滿滿的出雲之中。

Part 2

神之所在
島根

神之所在
島根

在日本神道教中，創造出日本大國主命的「大國主大神」，傳說日本三大神就是從出雲上岸（日御碕方向），然後將散落在日本四周各個小島與拉在一起，於是「日本」這塊土地就完成了。為了點綴日本海之美，大國主神還故意在海面上散落了一些小島，並特別將每年上岸的神聖島嶼命名為「經島」，為保持其神化性（不讓人類進入）。所以，只有十分接近經島的島根縣，保留了那麼一點距離，一個最美、最接近神明，卻無法碰觸到的距離。

島根人說，島嶼是大國主命為了在此遠眺整個日本國，才故意遺留的。同時也是另一位「天照大神」上岸的聖地，每年的神在月（農曆 10 月，大約為新曆 11 月），從島根開始則有為了迎接大神降臨而固定舉辦的迎神儀式。

島根是個充滿神話故事的地方，以神為名，不僅只是史料中流傳的過往故事，也是相當特立獨行的地區。不然為何戰國時代梟雄們久攻不下島根，卻又拚了命要前來島根挑戰？這也與「由神明來治理」的出雲國有關。相信每一位自認為賦有天命的武將們，都希望能征服這塊「神之領域」啊！

島根也是原本西日本列車鐵道的終點，你可以在廢棄的「大社」站中，發現訴説著鐵道歷史的故事；還有戰國時代被滅的「尼子國」（尼子家族），不少盤根錯節的故事均圍繞著島根。這個現在日本僅存、有現役寢台列車之一的島根，太多神話與歷史等待你來挖掘。

小知識 「神在月」與「神無月」

在日本每年 10 月（其實應該是農曆 10 月，因明治維新後，去除舊曆而改新曆），各地的神明都會奔波、前往島根的出雲大社開例行大會（神的會議）。此時，除了島根之外，日本各地由於神明出公差，所以這個月份都稱為「神無月」，唯有島根因為眾神聚集，神明都要跟大國主命開會，而稱這個月為「神在月」。

眾神會議神殿

淺談島根

島根與鳥取，山陰地區兩個最大的代表，雖互為鄰居，卻老是因爭論「誰比較先進？」而成為話題，這個連日本人都不熟知的兩個縣市，也經常被其他都府縣道的人搞錯；像是，形狀明明是島根，卻總以為是鳥取。

即使鳥取始終努力求上進，但有一點毋庸置疑的是島根仍然獲勝了（雖然只有一名之差，第 46 名與第 47 名）！畢竟島根有著神聖的「出雲大社」，並於 2015 年成功申請到第五國寶城「松江城」，以及擁有神祕古道「奧出雲」，就連星巴客咖啡館的數量都比鳥取多。但老實說，就觀光親切度來說，鳥取似乎又略勝一籌，不過若兩縣一定要比出個高下，島根在觀光資源上還是勝出的。

雖說出雲才是島根最知名的地方，但島根縣實際的市政中心是在松江市。到島根玩以松江市為出發點，也是較為方便的，因為 JR 松江站的飯店也較多，也較便宜。山陰縣市都有個特點，一到夜晚，許多店面就會變身成為夜間營業到 11 點或 12 點的居酒屋或創意料理店，這在日本許多地方是不常見的，非常適合愛在晚上尋覓美食的夜貓子旅行者。對了！在島根的三餐，早餐到晚餐，都是無須擔心的，因為這裡的早餐店都頗有特色。別忘了，就算找不到早餐店，島根提供早餐的咖啡館可是有很多間啊！

島根美食

從松江市出發，最西可以走到山口縣的萩市，在這段路上，我們可以來細數島根特有的美食，以及發揚到全日本的甜點。

出雲蕎麥麵（出雲そば）

出雲的手打蕎麥麵是相當有名的，許多地方甚至會主打「出雲そば」名號販售蕎麥麵。不過，出雲蕎麥麵的特色在於手打蕎麥（手作蕎麥），並非由工廠統一生產，再來是麵條較粗，在當地稱為「割子そば」，呈現不單只有麵條、醬汁，同時還會附上一道野菜盤（蔬菜盤，稍微有中藥味），吃法則是：第一，先把蔬菜放進蕎麥碗中，先品嘗原味的割子そば。第二，將三分之二的醬汁倒入碗中（不是用沾的喔），再品嘗一次倒入醬汁後的麵條。第三，將野菜盤內的醬料倒入，這時會吃到濃厚的蔬菜調味。第四，大約吃到一半時，再倒入剩下的醬汁，如果覺得醬汁不夠，可以追加。以上，就是最標準的出雲蕎麥麵吃法。

紅豆甜湯（せんざい）

　　日本到處都有著賣名為「せんざい」的紅豆甜湯老店，由於它真的很甜很甜，所以同時都會附上有點鹹的、像醃梅干之類的小點，以融合口中甜膩的滋味。紅豆甜湯的發源地在出雲，當然，出雲的せんざい店也相當多。至於最特別之處，應該是出雲是緣結幸福之地，所以在出雲販售的せんざい，都會附上心形的麻糬或是粉紅色仙貝。

蒟蒻糖

　　蒟蒻糖為什麼會變成出雲名產？但它就是會這麼讓人忍不住買上一小包。出雲的蒟蒻糖還有「日沒遺產」的金黃日落色特別款，但還是無法讓人理解為何這蒟蒻糖會變成出雲名產。

愛的特效藥

　　愛的特效藥其實是一種薑糖。薑糖在島根算是非常有名，像是薑糖蒟蒻、薑糖麻糬。至於愛的特效藥則將薑糖作成心形，用薄紙包起，放入藥袋中，成為出雲的伴手禮之一。愛的特效藥一日一錠，但不保證一定有效。

島根鮮食罐頭

　　說到日本的鮮食罐頭，許多人都抱著一種嘗鮮的心態，到超市買一罐來試試。不過，真正的將鮮食罐頭變成時尚料理的縣市，則在島根。由於島根面海，漁獲量大，在面臨擴展島根漁業、傳統捕魚業、維持漁獲新鮮度這三件事上，島根的「新鮮漁獲罐頭」就這樣在一名有志青年的推廣下產生了。現在到島根，甚至在東京，都有專賣鮮食罐頭的 PUB，可以一邊享用美酒，一邊品嘗不一樣的鮮食罐頭。不過，在 PUB 吃很貴，不妨在便利店或是超市直接買不同種類的，帶回住處開罐啤酒，享受一樣的滋味。

出雲特製‧製作屬於自己的勾玉

　　許多人應該都聽過勾玉，一個彎彎、水滴狀的深綠色玉石。出雲販售的勾玉相當道地，因為此處是出雲的關係。購買、訂製一個屬於自己的勾玉並不難，許多店面不但會出售各式各樣的勾玉，有的專賣店還提供「只要將自己的姓名和出生年月日告訴店家」，店家就會用一種和算命很像的方式，算出、製作出專屬於你的勾玉。此時就還可以選擇你喜歡的繩子顏色，以及緣結的方式，來製作屬於自己的勾玉了。不過特別提醒，勾玉並不都是那種便宜的商品，請確認荷包的厚薄度，再下手買屬於自己的勾玉吧！

松江市與國寶松江城

在松江市民大力推廣、保存，以及整修周遭旅遊路線後，這早就被列為國家級大城觀察名單中的松江城，終於在2015年正式成為全日本第五大國寶城，也是唯一留有建城設計模型的大城。整個松江市，可以說是倚賴著松江城與宍道湖為生而發展的城市，松江城的城下町與宍道湖的湖鮮產業，更是松江市最熱鬧的地區。（宍，音同肉）

松江站與周邊

想要好好玩充滿著文藝氣質的松江市，千萬別忘了先走一趟松江市觀光案內所。從JR松江站北口出來，直走就能見到觀光案內所，一如之前到其他案內所一樣，山陰地區的觀光案內所對外國人都特別親切，就算位處日本地理偏遠之處，外國觀光客較少的山陰，也一樣

配置了精通外國語言的工作人員，這一點在鳥取也得到相同的驗證，不論使用英文或是中文一樣暢行無阻。

山陰的天氣是任性的，雨後是否會放晴這一點是很難從十分準確的日本天氣預測得知，就連案內所的工作人員也不敢保證！套一句山陰名言：「可能雨停之後就有夕陽，但這裡是山陰，誰知道會發生什麼事。」而且，本人就親身經歷了陰雨綿綿一整日，傍晚時分卻突然放晴，連忙飛奔到宍道湖畔拍下和著雲彩的夕陽。山陰的天氣真的很難預料，隨身攜帶折傘在這裡是相當重要的。

在每個假日，北口旁的商店街都會舉辦市集活動，運氣好的話會遇到頗具人氣的出雲娃娃。整條商店街綿延至橫向的商店街路段，每到晚上，店家都開到 10 點或 11 點左右，最晚也有營業到 12 點的，非常適合夜間尋找美食。若你住宿在松江站附近，最不用擔心的應該就是覓食的問題。因為不論是車站本身，或是周邊的店家，有很早就開始營業的，也有夜晚才打烊的。當然，車站內的星巴克和緊鄰松江站旁的咖啡館，都是非常好打發早餐時間的地方。

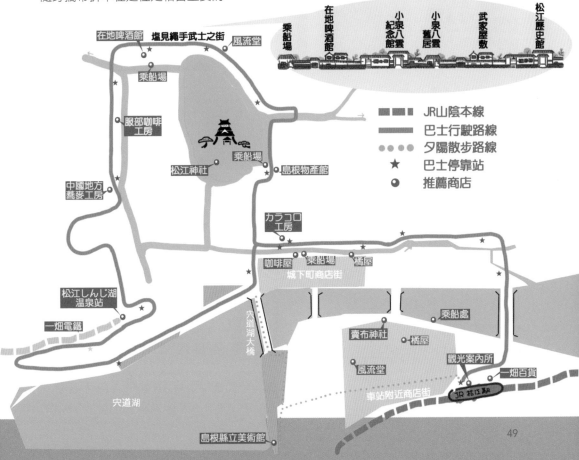

JR山陰本線
巴士行駛路線
夕陽散步路線
★ 巴士停靠站
◎ 推薦商店

松江站北口商店街

這條商店街很長，而且還連接起橫向的商店街（夜晚開店，大多都是吃東西的地方），姑且就稱它為車站北口商店街。每逢假日晴天（包含陰天），商店街口就會聚集流動攤販車，運氣好則會遇到出雲娃娃，頗為熱鬧。夜晚也別擔心覓食問題，商店街內包括燒肉店、串燒店、拉麵店、喝酒的PUB、義大利餐廳等，都在夜間開店，真是個不怕宵夜沒得吃的好地方。

公休日：基本無休，但有些店家週日（晚上）休息
商店街假日市集：雨天取消
商店街特別市集：配合松江市內活動日

推薦咖啡館 1　服部珈琲工房

從早上 8:30 左右開始營業，週末假日到晚上 11:00 的服部珈琲工房，可以說是山陰地區相當有特色的咖啡館。自家烘焙的咖啡，特製的早餐，中晚餐及下午茶也都別有特色。每間分店的氣氛都相當好，有手寫的 Menu 以及戶外看板。在山陰，每一家服部珈琲館充滿著文藝氣息，早上若有多一點時間，或是雨天無處去，服部珈琲工房絕對比其他咖啡館更加值得駐足。

網址：http://www.hattori-coffee.co.jp

城下町京店商店街

距離松江城只有兩個巴士站，也可以直接搭乘運河道上輕舟，前往松江城

的城下町京店商店街。在這裡，猶如漫步在歐洲小城那般悠閒，小小的店家，以及佈滿綠藤的咖啡館，若是購買巴士一日券，那麼不妨在此處下車悠閒的漫步一下。

雖說這只是城下町的運河經過之處，但清澈映著綠意的河水，讓人感覺舒暢。運河分開了京店商店街和新建築物，依個人喜好不同，可以瀏覽古屋改建經營的商店街，喜歡收集御朱印者還有和紙朱印帳小屋可逛，或是拜訪老工廠新規劃的 Karakoro Art 工房（カラコロ工房），若有意用一天的時間遊覽松江城周邊，得在每一個觀光景點預設瀏覽時間，因為再往前的松江城，可會花上你不少時間遊玩呢！

推薦咖啡館 2　珈琲館

在運河中間，路橋旁，有一間佈滿綠藤蔓，頗有歷史的咖啡店。當然，這麼文青的商店街上有很多不同感覺的咖啡館，但這家被綠藤蔓包圍的咖啡店特別突出，不僅外部造型特殊，還可從店內往外看運河上泛著的輕舟，邊喝著咖啡邊享受著迎面徐來的清風。

營業時間：9:00 ～ 19:00
地址：島根縣松江市末次本町 1-1
網址：http://coffeekan.jp/?page_id=64

松江城

　　既然能獲得國寶城的榮耀，松江城必然有其歷史意義。縱使過去有許多文史證據，並且有著建築模型來佐證它是一座保存良好的古老大城，但松江城長久以來卻一直被列為準國寶城（國寶城的預備成員），直到 2015 年才得到「國寶」的確認指定；畢竟跟它同列準國寶城的還有更具名氣的熊本城。若要打從心底來認定這兩城，熊本城的維護和積極推廣絕對不輸松江城，松江城之所以

可以勝出，除了完整的天守閣不說，整個護城河加上運河的整治，還有別具特色的連城古橋氛圍，加上天守閣周邊建設，以及與城下町的運河聯繫，終於讓松江城得到了國寶城的美名。當然，這些也全都靠松江市民不懈的努力，因為成為國寶城的意義巨大，不只「國定國寶城」而已，還包括了整個觀光、名聲都會因此往上一階，而且除了出雲大社外，島根又得到了另一個國寶名稱。

　　屬於平山城的松江城，登城容易，不需要爬得喘吁吁，就能順利進入天守

閣內參觀。由於長期的戰亂,當然包括二次大戰,所以除了天守閣和北之丸外,本丸、二之丸都只剩地基,但這並不減松江城的完整性。當初重新挖掘護城河、運河,松江城選擇築城在宍道湖旁的山丘上(另有一說是要蓋在擁有面海背山、天然屏障的美保關),就是此處能擴展腹地,成為松江市的瑰寶。

來到松江市除了好好遊城之外,絕對不可錯過的就是乘舟活動。在松江城乘舟都是日間票,也就是有「白天可以乘坐無限次數」的一日乘船券(外國人有優惠),但若在特殊日子夜間也會開放乘舟,這時就必須再買夜間票了。

只要是平城或是平山城,由於不像山城或是水城那般有自然屏障,護城河便成為不可或缺的設施。松江城的護城河就在城下,有沿著山丘之壁的綠意,加上古橋與新橋的穿插,乘著輕舟遊至城下町再回到乘船處(有乘船點隨時都可以上下船),與柳川(福岡縣)以及倉敷(岡山縣)的,有著完全不同的風景、趣味。

松江城的輕舟與一般舟船最大的不同就是，松江的舟上有活動遮陽篷，高度可隨意上升下降，當遇到某些低矮的古橋橋墩時，不只遮陽篷要下降，此時所有搭船人還得跟著搖舟人的聲音將身體壓低，有時會低到與船同高度！這是在搭船前就會事先練習，請配合大家的動作，也許正因為多了這樣的風味，才顯出松江城輕舟遊的與眾不同，讓人回味無窮，想一搭再搭。若是巧遇夜間開船，也覺得值得花夜間票的錢，那麼也建議嘗試一趟夜間船遊。此時船頭會點上燈光，照亮周邊景點，前頭從一片黑暗、直到船經過時那種赫然發現的夜間美，是另一種獨特風格，也是城下最美的風物詩。

- 松江城
  入城票價：680 日圓，另有其他通用券可購買
  參觀時間：8:30 ～ 18:00
  公休日：無休
- 城下運河乘船
  日間票：1,500 日圓，外國人優惠 1,200 日圓
  乘船時間：9:00 ～ 17:00
  網址：https://www.matsue-horikawameguri.jp/
- 10 月份的松江城水燈路會開放夜間乘船（需另外購票）

PLUS
松江城周邊設施

1 松江神社

　　1899 年遷宮到松江城下的松江神社，由初代藩主松平直政開始敬奉，直到德川時期也都進行御神祭的主要神社。神社主要的繪馬為粉紅色愛心形狀，代表這裡又是個緣結神社！

地址：島根縣松江市殿町 1 番／松江城跡內

2 松江歷史館

　　入館免費，但若是要參觀特展則需要費用。這裡展出了日本大城史上唯一保留的大城建築模型，另外也可以進入日式菓子店，挑選自己喜歡的島根傳統和菓子加上抹茶套餐，在館內享用。每種和菓子都有自己的名稱，美得讓人無法狠心切下它。

入館：免費
展區參觀費：510 日圓，外國人出示護照有優惠
開放時間：9:00 ～ 17:00
公休日：每月第三個週四

3 小泉八雲紀念館

　　小泉八雲是日本著名的小説家，但其實他是個外國人！在日

本教書時期，由於非常喜歡日本怪談，所以寫出了許多奇異的文學小説，同時定居於島根，成為島根著名的小説家。這裡除了小泉八雲的紀念館外，他與日籍妻子的故居也在此，可以進入參觀。如果想要參觀松江城、小泉八雲紀念館及故居，可買通用券。

入館費：410 日圓（故居也是 300 日圓，可在松江城買通用券）
開放時間：8:30 ～ 18:30
公休日：無休

4 武家屋敷

　　緊鄰護城河外的武家屋敷，屬於中級武士居

住處。這裡保存得相當完整，可發現江戶時期的武士日常，其實也是跟平常人一樣生活。不同的是，武士畢竟是武士，不像平民住在長屋中（連棟的房子），而是有屬於自己、單獨的庭院和可欣賞後院的迴廊。

入館費：310 日圓　開放時間：8:30 ～ 18:30　公休日：無休

茜色夕陽之美，宍道湖

　　島根縣因為最大的內陸湖——宍道湖（しんじご／宍，音同肉），有超過一半的位置在松江市，另一部分則在出雲市，是湖邊人家的賴以為生的主要湖泊。因此，松江市也被稱為水城，這個由海水與淡水混合成的「汽水湖」，孕育了松江市。

　　宍道湖的東南西北側各有不同的湖鮮，在靠海倚賴漁業生活的島根是「湖鮮有什麼特別的？」日本海中的豐富魚類才是日本海鮮的正宗啊！但是，宍道湖中有的產物就足夠湖岸的人民生活，還成為當地特有的料理。宍道湖之大，水質與地域、水溫的差別，加上季節不同的關係，海水淡水調合的比例也隨之變化，於是在地的鄉土味隨之誕生，湖邊一圈，生活大不同。

小知識 宍道湖之美，嫁島的故事

夕陽來臨，浮在湖面上最美的點綴就屬嫁島了。嫁島（嫁ヶ島），是座美在落日餘暉中，僅有 24 平方公尺的小島，上面有著小鳥居與小神社。傳說中，宍道湖中間並沒有這座小島，再更早之前，在日落之時，一位年輕的新娘子在宍道湖中跳湖自盡，於是湖面上浮起了這座小島，便稱為嫁島，上面的小神社就是為了安慰跳湖自盡的新娘而蓋。每到夕陽來臨，嫁島賦予了宍道湖更美的景致，也賦予了宍道湖淒美的傳說。

從松江車站漫步到宍道湖

從松江車站北口出發，穿過商店街，步行就可以到達宍道湖旁的湖岸公園，以及遇到夕陽時，真的美得要命島根縣立美術館。畢竟這裡是「日夕之國」，火紅的夕陽絕對美麗，若加上天空的朵朵雲層，拍胸脯保證絕景來著！也許你會想，難道白天不能拍？當然不是，只是這裡之所以稱為日夕之國，當然是以夕陽最自豪、最著名，白天的宍道湖，就只不過是宍道湖一景罷了。

宍道湖中間最美的嫁島，是許多人搶拍的湖中景致，全日本最有名的「日夕秀」就在茜色的夕陽出現，太陽逐漸沒入另一對面的海邊，雲彩沾滿整個橘黃色調美景的宍道湖。運氣好，可以同時拍攝到嫁島與佇立在湖岸（袖師公園）的兩尊袖師地藏，成為一個美麗的畫面。當然，如果時間把握得好，那就是當夕陽落在小地藏像的頭上時，按下快門，這樣的照片也能成為名作！但想要拍出名作，除了時間外，角度以及季節（影響日落的方向），都是必須考量的因素。發現湖岸公園旁那整排的三腳架嗎？是的，這裡的日落真的是美到快門直按無法停止。

宍道湖遊湖船

　　水城島根，到處都是遊湖船或是運河輕舟等，面積寬廣的宍道湖當然也有自己的遊湖船。班次為每一小時一班，熱門時段當然就是天未完全染上黑幕之前的夕陽時刻。此時，遊湖船會特別在嫁島附近停靠一陣子，這是欣賞宍道湖日夕美麗最好的地方。要特別注意的是每個月的日落時間不同，以及山陰不定的天氣，搭船之前請記得確認出發時間。

費用：1,800 日圓
搭船處：袖師公園的宍道湖畔
公休日：請特別注意冬天的開船時間
網址：http://hakuchougo.jp/

島根縣立美術館

　　宍道湖的賣點就是夕陽景致，座落在宍道湖旁的島根縣立美術美術館當然也深知這個道理。面向湖岸的美術館，用了整面落地玻璃，讓人能從內欣賞日落之美。當然，裡頭附設的咖啡館也絕對是朝著湖岸的。由於必須讓客人觀賞到日落美景，閉館時間會隨著季節不同而改變，這一點請注意。

入館費：視展覽而定；外國人出示護照（旅遊簽證）另有折扣。
營業時間：10 月至 2 月為 10:00 ～ 18:30；3 月至 9 月為 10:00 ～日落後 30 分鐘（請確認每一個月份的日落時間）
公休日：每週二
網址：http://www.shimane-art-museum.jp/

慢旅行的風景，一畑電車

在山陰本線尚未完工時期，一畑電車獨占了整個島根的交通。沿著島根命脈宍道湖北邊搭建的鐵道，完整的保覽宍道湖風光，號稱為夢幻的慢電車，也是目前日本最老電氣電車的一畑電車，沿著宍道湖後分成兩線，「北松江線」連結了 JR 出雲站，「大社線」則直達出雲大社。由於一畑電車前往的地方是結緣的出雲大社，運氣好的時候能搭乘到繪有可愛桃紅色出雲娃娃的電車。若不趕時間，不妨沿著宍道湖，乘著一畑電車，探訪宍道湖古老文化，以及沿途的溫泉區吧！

另外要注意的是，一畑電車會在川跡站做分線與迴轉的動作，而且全線列車都會在此站停下，搭車、轉車前請看清楚列車到達的最終站是否為出雲大社前站。如果要前往 JR 出雲（電鐵出雲市），就必須在此換站，若要前往出雲大社，只要搭對車，就請在原位等待電車再次啟動。但請留意，有些列車只到川跡站，不管要往出雲大社前或是 JR 出雲站，都是需要下車後再換車的。

網址：https://www.ichibata.co.jp/railway/

沿著宍道湖行駛的一畑電車

一畑電車一日遊，推薦途中下車站

對於很多日本人來說，島根就是「遙遠的地方！」雖然它明明就在中國地區，但早期就是因為有太多高山阻礙，而且只有海運這個交通選項，導致在日本明治維新初期，島根仍是一個難以到達的地方。於是，私鐵「一畑電車」就在這樣的情況下誕生了。從松江城下町（松江市）開始，沿著 道湖北側的湖岸，聯繫 道湖各地，然後再到達「出雲大社」或是出雲市區。對當地居民來說，一畑電車是相當方便的陸路交通。即使到了今天， 道湖的南側已經有了山陰本線，但是一畑電車的重要性還是難以取代。

松江宍道湖溫泉站：
等車無聊請先來泡泡腳

可以說是起站，也是終站的松江宍道湖溫泉站，位於宍道湖旁，搭乘松江市內巴士可到達。若是想搭乘一畑電車前往出雲大社，有時可能會等上一小時才有一班直達班次，此時不妨到旁邊的足

湯泡泡腳（記得要帶手帕或是小毛巾），用宍道湖的溫泉暖暖腳。離開前記得幫足湯旁邊的金運童子淋上一點溫泉水，暖腳之餘，也保佑你金運滿滿喔！

位置：松江宍道湖溫泉站入口左邊（以進入車站的方向）
費用：免費／夜間也有開放
時間限制：無，但請注意開車時間
＊此處並無販售毛巾，請記得攜帶擦腳的手帕或小毛巾

一畑口站
無人車站最可愛，附近有座一畑藥師寺

有著「眼睛的藥師」（目のお薬師）美名的一畑藥師寺，主要供俸的就是能夠治療眼睛疾病的藥師神。一畑藥師寺迎著山與湖，寺內總是充滿著靈氣。寺內主要銷售的御守，當然是以「眼身守」最為有名，用來保護眼睛與身體健康的御守。至於「一」字的寺徽，更能代表出一畑藥師寺的特別。另外，從一畑口站開始，也是一畑電車轉換成為單線通行的車站，此時電車長會移動位置，電車在此站也會稍微等候一下下喔！

地址：島根縣出雲市小境町 803 番地
網址：http://ichibata.jp/

雲州平田站：
保留結緣古道，木棉街道

過去在江戶時代，因為水運發達的關係，此處成為方便提供棉花進出口的木棉街道。然而，在鐵道發展之後，加

上棉花已不再是主要進出口物，街道上幾間小小、舊時期的老房子逐漸改造成藏酒的倉庫等有懷舊氣氛的老街，不論是清酒店（製造清酒的地方）、醬油店或是雜貨店，都是由江戶時期的房子改建而成，並在附近的木棉街道交流館中，提供了過去江戶口味的餐點。此外，鄰近的宇美神社，不但是間緣結神社，也是緣切神社，對於不好的緣分，也可以在此一刀兩斷喔！

宇美神社：島根縣出雲市平田町宮西町 686-1
木棉街道：http://momen-kaidou.jp/

小知識 緣切與緣結木札（分手書）的求法

1. 請買一份緣切與緣結木札（小木牌）＋護身符。

2. 在「我」的地方請寫下自己的名字，在「切」的地方請寫下要分手對象的名字（當然也可以是上司的名字），如果同時也要要緣結者，請在「切的背面」寫上緣結者的名字。

3. 請拿著木札到神社前，進行參拜（二敬禮、二拍手、一敬禮）。

4. 然後將木札剝開一半，將「切」的那一半丟進緣切箱中。

5. 接下來要特別注意，請「向左邊走」的方式走回神社本殿後，也就是用逆時針方走回緣結神社。千萬、千萬不要向右走，因為向右有走會先走到結緣神社，代表著切掉的緣分要復緣的意思。既然緣切了就要斷的乾乾淨淨，所以千萬不要走錯邊啊！

6. 在緣結神社參拜後（二敬禮、二拍手、一敬禮），請將剩下一半的木札放進剛剛一起購買的護身符中，帶走即可。

【切記】不要往右走啊！

PLUS
划算票券資訊

一畑電車 1 日フリー乗車券

票　　價	1,600 日圓，票券為和紙製作，頗有紀念價值
班　　次	雖説半小時左右有一班次，但前往出雲大社前站的車次大約一小時一班
特　別　日	一畑電車感謝祭，每年不定，大多在 5 月底，感謝祭時一日券是免費的
購　買　處	松江宍道湖溫泉、雲州平田站，川跡站，大津町站，電鐵出雲市站，出雲大社前站／一畑電車沿線有站務員的車站

特別緣結套票

票　　價	4,000 日圓（出示護照，享外國人半價優惠）
期　　限	使用期限 3 日內，同時也有設施折扣，例如松江城、島根縣立美術館等
可使用範圍	一畑電車、一畑巴士、松江市路線巴士，均可自由使用
購　買　處	松江宍道湖溫泉、電鐵出雲市站，出雲大社前站／一畑松江站營運所

網址：https://www.ichibata.co.jp/railway/

小知識 宍道湖與琵琶湖的不同？

琵琶湖為日本最大的內陸湖，宍道湖則是島根縣內最大的湖泊，這兩座湖泊有什麼不同呢？簡單來説，宍道湖的早期就是日本海的一部分，因為沖積地形的關係，漸漸成為內陸湖，但依然有很多與日本海相連河流匯流於此，所以稱為汽水湖，是屬於海淡水湖泊。

至於琵琶湖，則是地殼變動產生的湖泊，屬於淡水湖。湖水的源頭則是圍繞在滋賀縣的群山，然後還有由琵琶湖延伸出去的小河，並提供京都主要用水，最後注入大阪灣。這兩個湖泊形成與由來本身就有很大的不同，所以內藏的豐富湖鮮也有所不同。

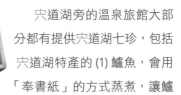

宍道湖七珍

其實宍道湖的湖鮮種類相當多，絕對不只七珍（也有一說是八珍），七珍只不過是從民間找出最特別、最具代表性，同時也最能搬上桌當作美味佳餚者；那種曬乾當當下酒小菜的，都不在此限內。宍道湖七珍是以前進貢的佳餚，在那個沒有鐵道的年代，為了將宍道湖七珍送到神明祭祀處或是松江城內，於是將難以保留鮮度的，容易腐壞的魚介類等海鮮物，以烹煮的方式保留鮮度。

宍道湖旁的溫泉旅館大部分都有提供宍道湖七珍，包括宍道湖特產的 (1) 鱸魚，會用「奉書紙」的方式蒸煮，讓鱸魚保有書紙的香氣。另外還有因為體積較小，可以一直冰鎮、使其透涼的 (2) 銀魚；鹽漬過的 (3) 鯉魚卵 (4) 蒲燒鰻魚，是的，你沒看錯，在海水與淡水融合的宍道湖是存有鰻魚的喔！另外還有燒烤的 (5) 大蝦，島根縣特有，號稱夢幻之魚的 (6) 公魚，以及 (7) 貝類煮成的味噌湯。這七珍可都是宍道湖之寶喔！

緣結之湯情報

宍道湖溫泉

位於一畑電車旁的宍道湖溫泉（しんじ湖溫泉），位於松江市內，是最不需要舟車勞頓的知名溫泉區。當然，沿著宍道湖還是有別的溫泉，只是，這個溫泉最近鐵道，同時可以吃到宍道湖七珍，欣賞宍道湖美景。最棒的是戶外的足湯又是免費的（請參照車站內資訊），也可以一日來回不須住宿，就不用還要很麻煩的跑到很遠的地方泡溫泉呢！

溫泉溫度：攝氏 77 度；地址：島根縣松江市千鳥町 83；網址：http://www.matsue-yado.com

一畑電車行經稻生鳥居（出雲大社前站前）

神降臨的土地，出雲大社

古老的出雲大社，向來都展現出神祕與莊嚴的氣氛；位於遙遠的島根，並與出雲結緣，再加上出雲怪談的故事，總讓出雲染上一層神祕的氛圍。出雲大社的美，美在寂靜，美在神話，美在古老，美在雲煙飄渺間，美在它位於遙遠不可及的島根，美在所有日本傳統食物都來自出雲，美在日落之地也在出雲。出雲，就是一種日本傳統之美的最佳代表。

每年的 10 月到 11 月，是出雲大社最熱鬧的月份，雖然現在日本都已經換成西元來計算日月，但是出雲大社的古老行事曆還是以農曆為主，所以新曆 11 月才是真正的「神在月」（神明通通都在出雲的月份），此時全日本的神祇都會到出雲大社開會（在出雲大社中，就有一個專門讓神祇門開會的神殿）。如今日本採用西元的月份，卻仍把新曆 10 月算做神在月，所以出雲在 10 月份陸續都有活動，例如知名的「出雲驛傳」馬拉松接力賽會就在 10 月出舉辦。

至於迎接神明回到出雲，聞名的「神在祭」則會落在農曆的 10 月 10 日開始，是連續三天的迎神祭典。若在農曆 10 月份前往出雲，你將會看到非常多盛大又傳統的祭典儀式。過了農曆 10 月，迎來農曆 11 月時，又會有一場將眾神送回各地的祭典！出雲大社，真的是個祭典很多的神社。

出雲大社
地址：島根縣出雲市大社町杵築東 195
網站：http://www.izumooyashiro.or.jp/

前往出雲大社的方法

方法1：如果你住在松江市，請前往一畑電車「松江宍道湖溫泉站」，購買前往出雲大車前站的車票（出示3日套票也可），直接搭乘一畑電車抵達出雲大社前的門前町。

方法2：如果你住在出雲市，請從JR出雲車站搭乘前往出雲大社的巴士，就可以直到出雲大社即可。

出雲大社（包括分社）
兩禮四拍手（許願）再一禮
WHY?因為出雲大社是帶來幸福的神社
「四」的發音同日文的「幸福Siawase」
四拍手的意思有「呼叫幸福」的意義。

小知識 日本最古老的神社

很多人會認為，出雲大社是日本最古老的神社，但其實，日本真正最古老的神社在奈良縣三輪山上，天照大神居住處的「大神神社」。大神神社是連鳥居都非常有特色的神社，除了第一個鳥居巨大莊嚴外，第二鳥居則為繩鳥居，至於神祕的第三個鳥居位於神社本殿內。如果仔細觀察出雲大社中的大國主神朝拜的地方，會發現都是朝向奈良的方向。出雲大社與大神神社供奉的都是來自奈良的神酒，這也是日本神社相當悠久的傳統，只要是重要的神社與祭典，用的酒可都是最為珍貴的神酒，「奈良酒」呢！

大神神社網站：http://oomiwa.or.jp/

出雲大社「神在月」行事曆（以農曆 10 月為主）

　　每年農曆十月是出雲大社的重要月份，若是想要趁這波「神在月」祭典來感受一下日本眾神回歸，在出雲開會的盛大莊嚴，請勿錯過整個神在月的行事曆。

神迎祭

農曆 10 月 10 日晚上

　　從出雲大社旁約 1 公里處的稻佐之濱開始進行迎神事，迎神必須在夜間舉行，並焚燒神火，一直到迎神完成，才能從稻佐之濱回到出雲。

　　迎神的稻佐之濱禁止參觀，但可從稻佐之濱到出雲大社的路上等待，這一條路稱為「神迎之路」。神迎之路最後終點是出雲大社內的本殿，在這段路上都可以拍照，但是禁止使用閃光燈與喧譁，因為神明來了，需要十分安靜莊嚴，不要用你的閃光燈閃到神明啊！

神在祭

農曆 10 月 11 日、15 日、17 日

從 10 月 11 日開始到 17 日一連七天，全日本的神明都會在出雲開會，來決定下一年度人類的大小事（好嚴肅）。會議包括男女緣結之事，所以在此時可到出雲大社西方的「上宮」求取來年的緣結，而這七天出雲大社內的所有神社也會舉辦不同的祭典。

雖然說是祭典，但其實是很莊嚴的神明開會日，在這期間其實是要保持安靜，禁止歌舞的。這點跟日本各地歡樂的祭典差很多，畢竟是神明在開會啊！所以神在祭也稱為「御忌祭」，請勿大聲喧嘩喔！

緣結大祭

農曆 10 月 15 日、17 日

上面說了，每年的神在祭，神明們要討論的事情包括了男女緣結的大事，所以在這幾天內，是請求緣結的好日子，

讓全日本八百萬的神明來一起祈福是多麼幸福啊！所以，請務必依照出雲大社內的規定，進行緣結祈福的俸納。

因為出雲大社的緣結大祭太有名了，所以所有單身男女都會前來，結了婚的也會來祈求婚姻順利，所以儀式是需要事先申請的，申請的方式會在出雲大社的網站上公布。

神等去出祭

農曆 10 月 17 日、26 日下午四點開始

八百萬神明開完長達七天的會議，此時就要開始將神明送回祂們原本的神社，此舉稱為「神等去出祭」。從下午四點開始，出雲大社內的十九社，擔任送神的人員會撐起布團，往拜殿移動進行請神明出來的儀式，並且吟唱歌謠，完成神等去出祭。神等去出祭會分成兩天，26 日是確定所有神明都已經回家去，然後向出雲大社的大國主神報告的儀式，這是比較小的祭典。

出雲大社的神等去出祭（17日）送神完成後，這些神明會再度回到松江市佐太神社待一下，此時松江市就會變成神在祭了，一直持續到神明甘願回家為止。祭典基本上都會在農曆 10 月 26 日前完成，所以在這段期間禁止喧譁的，就會改到松江市而非出雲市了。

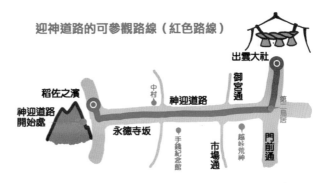

迎神道路的可參觀路線（紅色路線）

小知識 為什麼日本神明每年都要來出雲開會？

日本這麼大，為啥神明每年農曆 10 月都要來出雲大社？難道不能去伊勢神宮嗎？開始有文書紀錄的平安時代，出雲大社就已經有神在月這樣的文化了。也就是說，神明們來到出雲大社開會是在比有人類紀錄前更早之前有的習俗，但是為什麼選擇出雲呢？相傳出雲主要為大國主大神與天照大神居住的地方，稱為「國讓」之區，也就是治理國家大事的地方，所謂的國家大事，不外乎是人們的內心願望：居家平安、商賣繁榮和最重要的緣結大事。這些願望，需要日本所有神明聚集在一起討論，包含這一年的演變以及未來一年的應對之策。當各地的神明都到出雲大社時，該地的神社只會留下神魂來駐守神社。至於神明，都在出雲和松江啦！

※ 天照大神四處跑，但大多都在奈良大神神社。

出雲大社門前町（商店街）

基本上，我們會將神社第一鳥居到神社境內鳥居，中間的道路稱為「參道」，也就是說，這是神明前往住處的道路，同時代表著人們前往參拜的道路。依照神社大小與名氣的不同，參道的長度當然也隨之改變。

在出雲大社前參道稱為「門前町」，也是參道的意思。這個距離可以從白色的第一鳥居開始起算，中間涵蓋了一畑電車出雲大社前站，以及大社前第二鳥居的弧形商店街。如果你用飛快的速度，絕不留戀、絕不停歇的腳力，也要走上 15 分鐘才能抵達第二鳥居，更何況這沒算左右兩旁相當吸引人的商店街！

一般人通常停停走走，再加上逛逛兩旁的小橫丁（小巷子）與ご緣橫丁，幾個小時就過去了。若再加上走往古代出雲歷史博物館，然後再前往日御碕看日落，或是走路到弁天島前看夕陽，出雲大社完全可以待上一日。

在「出雲大社一日遊」之中，在商店街消耗最多時間的，可能不是吃碗甜膩膩的「善哉」紅豆甜湯，也不是尋找傳說中最美味的出雲蕎麥麵，或是在星巴克面對著出雲大社第二鳥居喝杯咖啡，竟是在勾玉的量身特製店中，為了選擇最喜歡並且適合自己生日與命運的勾玉啊！

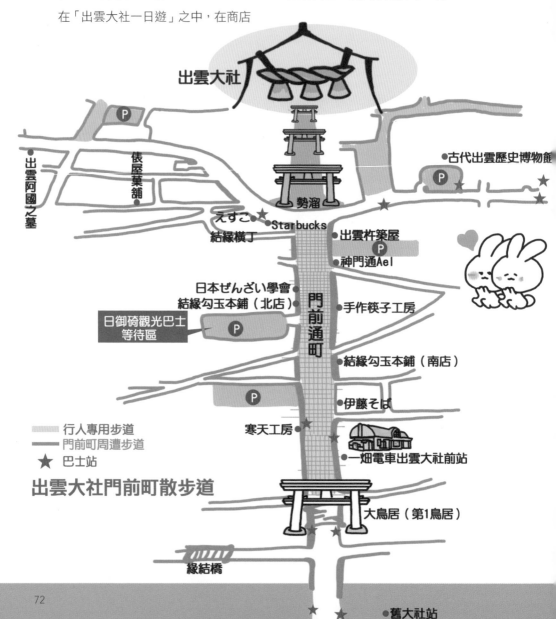

出雲大社

P

●古代出雲歷史博物館

P

出雲阿國之墓

俵屋菓舖

勢溜

えすこ

Starbucks

結緣橫丁

●出雲杵築屋

P

●神門通Ael

日本ぜんざい學會
結緣勾玉本舖（北店）

門前通町

●手作筷子工房

日御碕觀光巴士等待區

P

●結緣勾玉本舖（南店）

P

●伊藤そば

行人專用步道
門前町周遭步道
★ 巴士站

寒天工房

●一畑電車出雲大社前站

出雲大社門前町散步道

大鳥居（第1鳥居）

緣結橋

●舊大社站

值得推薦的店或景點

1 ぜんざい本舖
（日本ぜんざい學舍壹號店）

　　在日本吃ぜんざい是很講究的，絕對不只是紅豆甜湯而已。ぜんざい漢字也寫為「善哉」，大阪著名的夫婦善哉也就是兩碗一組的善哉。善哉原本並不是提供給人們當作點心來食用，而是在神在月時奉獻給神明的食物，後來才逐漸演變成為日本人傳統的點心。出雲的善哉不只是全日本第一店，還擔任著「提供神在月眾神食用」的任務，無形中就有神聖感。再加上結緣的盛名，所以放在上頭的麻糬或是小餅都會做成愛心形狀，而且為了解膩，還會附上鹽漬小黃瓜與熱茶，一甜一鹹恰到好處。在出雲有很多善哉店，推薦您不妨到此品嘗正統的。另外，請注意店裡的帳單，後面有出雲結緣善哉的由來喔！

營業時間：10:00 ～ 17:00
公休日：不定休

2 一畑電車「出雲大社前」站

　　由於新的 JR 出雲站已經不在出雲大社附近了（原本是「大社站」），於是離出雲大社最近的電車站，莫過於隱身在門前町內的一畑電車終站「出雲大社前站」。這個車站很特別，有拱形的天花板，彩繪玻璃的窗戶，頗有在天主教堂候車的感覺，即使不搭車也可以當作舒服的休息區。旁邊就是一畑電車的賣場以及咖啡館，足以提供採購與休息。車站外還有一畑電車，日本最老的電氣電車 50 形車廂展示，不妨進入懷舊一下那昭和年初，電車開始蓬勃發展的氣象吧！離開車站右手邊就是提供出雲蕎麥麵的麵店，此時如果肚子餓又不想走到橫丁附近尋覓食物的話，不妨就在這裡解決一餐。

營業時間：最後一班電車結束
咖啡館 9:00 ～ 17:00，商店 9:00 ～ 17:00

3 めのや勾玉專賣店

　　門前町內販賣綠色勾玉的店面很多，但大多都是伴手禮或是讓你可以隨身攜帶的現成品。如果想要特製一個符合自己的生日、血型、風水的勾玉，就得找專賣店。勾玉是一種出雲傳統的珍物，屬於天然的寶石，傳說中可以驅邪避凶，還能招來好緣分。綠色的勾玉代表的是太陽與三日月等多重的意義；專賣店的勾玉都由職人將寶石研磨成勾玉的形狀，再手作成各種商品，有不同的顏色與趣味設計，深受女性喜愛。千里迢迢來到出雲的日本人都會帶走屬於自己的勾玉，似乎來出雲沒買勾玉就白跑一趟一樣。

營業時間：9:00 ～ 17:00
公休日：無

4 十割出雲そば「砂屋」

　　位於第二鳥居前方的「出雲杵築屋」二樓，是有名的十割出雲蕎麥麵店「砂屋」。什麼是「十割」？就是百分之百都是用蕎麥粉做成的蕎麥麵，只吃得到蕎麥的原味，以「粗麵」的切法來讓麵條有勁道，不管是冷麵或是熱麵，嚼起來都恰到好處，不像細麵或是八割的蕎麥麵，只適合某一種溫度。由於砂屋的蕎麥麵為手工蕎麥，每日都只限定在十至二十份之間，別以為晚一點有位子，其實早一點去才是王道！

營業時間：11:00 ～ 16:30
公休日：不一定

小知識　什麼是「十割そば」？

そば就是蕎麥麵，十割そば指的就是全部都是由蕎麥粉（由蕎麥研磨成碎粒，去殼後再製成粉狀）製成的，沒有加入任何一點小麥粉或麵粉。由於較少職人製作十割そば，或是九割そば（90% 的蕎麥粉，10% 的小麥粉），所以只要是九割以上的蕎麥麵大都手工製作。

因為小麥粉少，所以延展性較差，為了加強的口感，九割以上的蕎麥麵都會切成較粗的麵條，以保持純蕎麥麵的口感。至於用機械製麵的蕎麥麵就不會宣稱是幾割的了，而且因為小麥粉較多，所以延展性較高，可以製成細麵條。下次看到粗麵條的蕎麥麵別以為這是什麼特殊種類，其實就是較正統的蕎麥麵啊！

5【必買】緣結御守

其實不只出雲大社，在島根，幾乎每個神社都以緣結為號召，不過出雲是最有名的。出雲大社的緣結，是以「幸福的緣結，招來幸福的一年」為主要訴求，除了一般的緣結御守外，緣結紅白線也是熱門的御守，它可以讓你自由綁成任何形狀，像是手繩、鑰匙圈繩、綁住頭髮的髮圈繩等，並不限於任何形式。

另一種則是招來幸福的雙色鈴鐺（一銀一金），還綁上五色（紫白橘黃綠）祈福布條，用特殊的鈴聲，幫您尋找美好的緣分。

小知識 神社婚禮和寺廟習俗

在日本習俗中，神社是辦理婚禮之處，時常可以看到歡樂的氣氛；寺廟則是辦理喪事之處，所以較為莊嚴。這就是神社與寺廟的最大不同點！所以神社裡找不到墓園，因為神祇只負責緣結（祂們每年開會都在討論這個），神社的經營也由俸納及附近居民商家捐贈修繕。至於寺廟，有許多都是由私人經營，所以寺廟得辦法事、提供墓地，才能夠支撐營運。但某些國有或是或認定為古蹟的寺廟則不需要做法事，因為他們的經費都來自日本政府與參觀香客（需購買參拜券），例如奈良東大寺、京都高台寺、三十三間堂。

如果你是個相當忌諱墓地的人，可避開寺廟，或只進入本殿，別閒晃。但其實寺廟的櫻花開得最美，例如知名的櫻花聖地——谷中靈園、青山靈園，我想必有其原因吧！

古代出雲歷史博物館

　　穿越悠久的日本神話，原來真的有挖掘出雲王朝的史蹟！不論你喜不喜歡逛靜態的博物館，位於出雲大社旁的古代出雲歷史博物館，卻仍是當今日本人最愛的博物館之一，展出物品同時也讓你感到驚奇！原來真正的出雲大社是這樣的建築；原來在更久之前真的有傳說中的出雲王朝，這些都是真實的，並非虛構的神話。

　　自從考古學家陸續進駐出雲，挖掘古物後，目前已出土的文物包括各式銅器、銅製武器、青銅鐘、銅錢等，這代表著此處在過去已有人類生活的痕跡，加上《出雲國風土記》的復原，大概可以勾勒出「出雲王朝」的樣貌。為什麼說是王朝？因為出土的文物中，不僅有生活用品，還包括了武器與交易用的錢幣，這也代表著有戰爭和商業的發展。唯有存在國家與王朝，才會有武器的產生與買賣交易。不管是在《古事記》也好、《出雲國風土記》也罷，除了描寫出雲神話外，也有相當多出雲國的敘述，再搭配建築描繪，都說明了曾有個比平安時代（約十三世紀）更早的王朝產生。

在出雲古代歷史博物館中，還能見到出雲大社的原型。是的，就是那個經常出現在 Discovery，那個近乎 70 度斜角坡道的高聳神社。這個出雲大社本殿的原型大約有 96 公尺，足足比現在的出雲大社多了四倍，建立在出雲大社後面的八雲山上，由平安時代三位建築大師所搭建，是完全以傳統日本木工藝術搭成的神社。建立在八雲山上的原因，則是因為可以隨時找到高於 100 公尺的大神木，就像是目前出雲大屋頂上的雙交叉兩木，是長達 100 公尺的神木。可見，古時候出雲大社的規模，完全是壓倒性的勝利。

不過如同伊勢神宮那般，所有神級的大社到了一個年限就要遷一次宮，伊勢神宮是二十年遷一次，出雲大社也有，但是遷宮的時限很長。在明治時代遷宮時，即使用當時最新的技術，也蓋不了 96 公尺這麼高的神社，於是減半成為 48 公尺。究竟是利用什麼技術，可以在千年前就蓋出這麼宏偉的神社？這是許多建築師都無法想像的，更何況需要非常多等長的木材。目前的出雲大社，則是最近一次遷宮後看到的 24 公尺模樣，對於許多神社來說，也已經是相當宏偉的了。

出雲古代歷史博物館是一個非常優雅、貼心的博物館，除了內部設計相當和諧溫暖外，更能讓外國人有種讓人進入日本神祇懷抱的感覺。在博物館外還有許多小巧思也值得細細發覺，例如與勾玉相戀的白兔、心形的桂樹葉，寫著水盤經文代表緣結意義的雕刻，這裡果然是個緣結的國度啊！

入館費：610 日圓（出示護照並協助填表格，只要半價）
入館時間：9:00 ～ 18:00，冬天提早一小時閉館
公休日：每個月第三個星期二
網址：http://www.izm.ed.jp/
【注意】博物館內大部份可拍照，但禁止使用閃光燈，也禁止使用三腳架。若有不可拍照的標示，請勿拍照。

PLUS
山陰只要半價……是？

島根縣與鳥取縣都一樣，都是一個急需觀光客來推廣縣內觀光文化的地方。鳥取縣有個聞名世界的鳥取砂丘，以及全世界各大砂雕藝術家都會前來的砂雕美術館。島根縣則是不管怎麼想，似乎都只有一個出雲大社，所以島根必定要更加努力的經營觀光客。

由於地理位置的關係，島根很難和鳥取一樣都是用「特價交通工具」來做宣傳，所以島根唯有在各大展區對外國人都使用特惠價或是半價門票來吸引觀光客。所以前往島根，記得隨身攜帶護照，因為半價的優惠經常會出現在身邊喔！

明治時期的 JR 總站：大社站

日本鐵道建設在明治時代達到高峰，由於鐵道的方便與快速，人貨兩載，還能用便宜的價格將人們從甲地送到乙地。於是，整個日本都投資、建立了鐵道，有些是私有的，例如東京的東武線、西武線，或是關西的阪神線。許多大企業或集團都因為鐵道的興建進而權傾一時，其中最大也是最成功的例子就是當時的東武線。JR 鐵道在 1987 年之前還是國有鐵道，當時的路線並不像民營化的今天四通八達，畢竟有很多地方已經建起了私營鐵道。

沒有列車，只有故事

當時的西日本鐵道，最終站只到中國地區（山陰地區）的大社站（大社駅），因為當地的島根人大多還是利用一畑電車在松江、出雲和宍道湖沿線的鐵道活動，所以從遠處來的人們，例如關西地區等前往島根的人，搭 JR 就只能到達大社站。後來山陰鐵道開始修建，人們不再沿著日本海方向走，而是穿過宍道湖下方，抵達出雲，於是新的 JR 出雲站就此誕生！

後來，JR 出雲站與私營鐵道結合，並延展更遠的山口地區。因為 JR 出雲站的建立而失去用處的大社站，久而久之班次變少，搭乘的人次也減少，便在 1990 年決定廢站。目前已經沒有任何列車經過的大社站，長達八十八年的鐵道史在此劃下句點。不過，新的 JR 出雲站距離出雲大社很遠，搭乘巴士必須花上 15 分鐘左右才能抵達；名符其實的（出雲）大社站，走路只要 10 分鐘即可到達第一鳥居。

國寶車站

　　從明治時期就開始運行的大社站，
在日本鐵道史上被列為古蹟、歷史建物，
雖然廢站已經將近三十年，但依舊著保
持豪華、古色古香的車站外貌。為了延
續大社站的氣勢，車站內部還保持著昭
和年初的狀態，如搭時光機回到八十年
前一般，古老的剪票口、木製的站員室，
軌道最前方就是終站的設計，旁邊放著
一輛 SL 蒸汽火車頭，雖然並沒有運行，
卻是現代的鐵道展現不出的風格，深受
鐵道迷喜愛。從 JR 出雲站搭乘巴士可到

達大社站參觀，之後慢慢走就可以走到
出雲大社，中間還能經過小小的緣之橋
（ご緣橋），從第一鳥居開始瀏覽起門
前町商店街的風格。當然，大社站再怎
麼近，也絕對沒有一畑電車出雲大社前
站離出雲大社近，但這裡可是舊 JR 山陰
線的終站（也是起站），若非列車迷或
是熟知出雲歷史的人，通常不會來這裡
參觀。如今偌大的車站也曾擔任過「青
春 18」海報的拍攝主角。沒有列車經過，
重返明治時期的繁華，放眼儘是悠閒，
放眼儘是歷史。

營運年代：1912 年 6 月 1 日～ 1990 年 3 月 31 日
到達方式：從 JR 出雲站搭乘前往出雲大社的巴士，途中會經過大社站，即可下車參觀。
入館費：免費／夜間開放會點燈

小知識 寢台列車

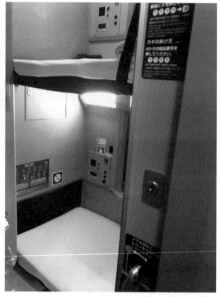

隨著新幹線的發達，一天幾小時內快速抵達日本各地已經不再是夢想，那個需要在列車上過夜的體驗也越來越少。當前往北海道的寢台列車確定停駛時，列車迷均一陣惋惜。但別以為寢台列車已經走入歷史，其實還有一台從出雲前往東京的寢台列車「Sunrise 出雲」（サンライズ出雲），以及另一台從瀨戶內海出發的「Sunrise 瀨戶」（サンライズ瀨戶）。此次，有幸拍到每晚 6:51 出發的寢台列車，也進入車廂，感受了一下寢台列車的空間感。列車仍然依照票價有著不同的房間配置，最貴的單人房讓人欽羨，若預算不多也可以購買一小格、一小格上下舖的座席，其實也躺下來。不過既然是寢台列車，為什麼不住有房間的，即使是兩人房也拚了！

Sunrise 出雲一天只開一班，晚上 6:51 從出雲出發，隔天早上 7:08 到達東京（因為這一段一直到岡山，都沒有新幹線，接到琵琶湖也沒有新幹線），途中經過 17 站，若想搭乘，請提早到 JR 綠色窗口（みどりの窗口）購買實體票，或者在網路上事先預訂。

費用：出雲—東京，最低票價 22,110 日圓（普通單人房，包括車票 12,210 日幣＋特急券 3,300 日幣）
網站：https://www.jr-odekake.net/train/sunriseseto_izumo/

世界遺產 1　夕陽見日，日御碕

出雲大社所在的小半島，就是名列世界三大最美日落，屬於世界自然遺產之一的日御碕。依靠著八雲群山，整個日御碕國家公園是廣大且有高山、懸崖的美景，以一般外國觀光客而言，想要開車繞完整個日御碕國家公園是有點高難度的，更何況深山小徑實在不適合習慣左駕的我們，即使技術再好，會車時總有些困難。與其驚險自駕，又得深入險境，還不如就用最簡單的交通工具：巴士，來完成四分之一個日御碕之旅吧！

一般巴士 vs. 日御碕觀光巴士的差別

　　雖說是搭巴士玩日御碕，也有不同的差別，這裡就將巴士分成「一般巴士」和「日御碕觀光巴士」做比較。

	一畑巴士 （一般巴士／路線巴士）		觀光巴士 （假日行駛）
前往	出雲大社連絡所	日御碕燈塔	JR 出雲站預約，在出雲大社候車 預約時告知即可
途經	稻佐之濱 日御碕 日御碕燈塔	日御碕 稻佐之濱 出雲大社連絡所	日御碕神社 日御碕燈塔
發車 時刻	10:37 15:16 16:16 17:16	09:17 12:06 14:17 15:47 18:17	僅在 7 月至 11 月營運，每月周五、六日和國定假日運行，去回程都是搭同一班車
費用	搭乘多遠，就算多少錢		1,000 日圓
備註	務必先在連絡所拿巴士時刻表，以免錯過班次		固定人數與座位，在 13:00 前於 JR 出雲站預約，在指定車站候車。與導遊一同上下車，人到齊才開車，不能脫隊，即使上車點是在出雲大社，但是下車點可回到 JR 出雲站。

＊ 神在月期間，相同路線另有雙層露天觀光巴士運行，費用為 3,500 日圓，詳情請洽出雲觀光協會官網。http://www.izumo-kankou.gr.jp

出發時間

沿途美景

進入日御碕神社之前,從上往神社內拍攝,會發現這個神社其實藏在林間,另一邊則是海岸線。在這個有著日本最美日落之世界遺產中,隱匿著神明對於土地的守護。

特別注意!看起來好像沒有很遠的日御碕,其實距離非常遠!這塊土地是國立公園的一部分,除非開車,不然交通沒有想像中的方便,請不要肖想用走路或是騎單車抵達,利用觀光巴士當作接送的交通工具,隨車還有一位話講不停的導遊,算是很划算了。【附加價值】完美解說,不會迷路,一定回得來,還可帶回車上小禮物。

經島

一個迎接神到來的小島，也是日本大國主命神將它留在海上的小島。這個小島幾乎就在海岸旁邊，但是禁止一般人上島，包括當地人！因為經島是神明降臨之處、「天照大神」居住的島嶼，除了五千多隻的海鷗可以安然生長繁殖之外，沒有任何人能夠上島，更遑論居住的島嶼。

這就跟奈良有許多山是人類無法進入的道理一樣，因為是神明居住的地方。經島只有在每年 8 月 7 日別名「夕日之祭」的例祭時，有限定神職人員（宮司）可以進入，完成祭典外，其他人士無法隨意進入，只能遠遠的拍照。這時，是經島最美的夕景，而且也是日照大神逛完一圈日本回到居住處的日子。當天經島附近充滿著神降臨的氛圍，而夕陽就像是被神明操控一樣，一刻一刻的沉入海中，與海平面連一線。接下來就是日落時間將會逐漸縮短的宣告（因為秋天要來了），一直到神迎祭，日落時間恢復到 24 小時中有一半是白天，一半是黑夜，然後逐漸的，白天越短，黑夜越長。

巴士概要：一般巴士、觀光巴士，均不下車。

小知識 經島，日本國家指定天然記念物

雖然沒有人居住，但經島每年都會有超過五千多隻的海鷗飛到此處。在 4 月、5 月日本海逐漸溫暖的季節，海鷗會飛往島上產卵，大約 7 月時長滿羽毛繼續飛行。無人島、沒有人為破壞的地方，都能讓海鷗相當安全的繁殖，所以這裡也成為世界知名的海鷗生長地。PS. 傳說天照大神為大國主命神之父，所以地位較高。

日御碕神社

日本有無數神社，試想每年神在祭有多達八百萬的神得抵達出雲大社開會。也就是說，日本的神社多到跟台灣小巷裡的宮廟一樣，唯一不同的就是，這些神社的各種不同故事、各自擁有的歷史，以及賜予人們不同的福份，同時庇佑居家附近的住民、商店。像是大阪有一千八百年歷史的住吉大社，是一個以居家安全和商賣繁榮的神社，但也有屬於自己的祭典。每個神社都有祭典，尤其是在春分播種期，以及秋豐收慶神期，這時段都是祭典的熱門時段。

神社的建築方式與建築時期、建築者都有很大的關係，另一個聯繫點就是主要供奉的神。如果與出雲大社規模相同，就會在屋頂上出現斜向的交叉十字木製屋頂。神社的角落以及建築的方式，尤其是屋頂和屋簷裝飾，都代表著不同的年代、供奉不同的神明，以及建築者的小巧思，前往人越少的地方，越能發現這些神奇之處。

位在島根深山卻又臨海的日御碕神社，也是日本神祇降臨處「之一」（另外還有一個經島神社）。日御碕神社算是出雲聖地中最具代表性的神社，有著「日本的夜晚守護者」這個美名。

當然，這個神社的傳說很多，也由於位置的關係，永遠都會看見日落，所以也稱為「日沉宮」。也就是說……「這裡看不到日出囉？」是的！因為日出在八雲山的另一邊啊！

如果很仔細的走走逛逛這座神社，會發現當初的建築十分奇妙，當中每位神明的宮殿（小神社），都會面向日落之處。如果往上看，又會發現交錯的天際線成為一個非常有趣的形狀。

御守販售：有，17:00 為止
神社婚禮：有，而且有二樓儀式殿
公休日：無，亦沒有參觀時間限制
巴士概要：一般巴士／抵達巴士車站即下車即開走，要到下一個目的請搭下個班次。觀光巴士／會在停車場等待，導遊小姐會負責接送並解說。

日御碕燈塔

　佇立在蔚藍之上，在海面上映出的純白色燈塔，是日御碕國家公園斷崖角落邊的日御碕燈塔，也是一個可以坐在斷崖大石上，看到最遼闊風景——日本海的地方。御碕燈塔公園也能見到最美夕陽的日，但因為太廣大了，還包括了檜木步道，所以相對的，巴士站或停車場也就比較遠，必須要走一小段路才能抵達燈塔處。但如果你仔細觀察前往的路上，會發現這並不只是單純的岩石路塊罷了，而是造成日御碕斷崖的地層，是火山岩節理石。也就是説，這裡曾有火山運動，也正因為節理石的堆積，而造成今日斷崖雄偉的模樣。這就是大自然的奇蹟！

　如果沒有走一趟日御碕燈塔公園，必定無法感受佇立在高聳斷崖上，眺望廣闊海洋的感覺。不過，還是要記得，山陰的天氣是多變的，即使天晴、大太陽，並不代表一定有夕陽（因為有雲）。縱使雨後陽光露臉，也不代表今日沒夕陽。這就是最標準的山陰氣候，總是令人捉拿不定。

　夏季8月之前，日落的時間來得都較晚，若搭乘一般巴士，可能會因為趕車而錯過美麗的夕陽，但若搭乘假日觀光巴士（7月～11月運行）就能避免這個問題。假日觀光巴士會因為季節的關係，調整最晚一班車的時間，可以讓人歡喜的看到夕陽美景，並且保證能夠搭上車回家。這看似乎在鼓吹讀者們搭乘觀光巴士來著，但體驗之後真心覺得這是一種安心的保證，畢竟在遙遠的日御碕燈塔，想要回程卻苦等無車，可是非常可怕啊！

入館參觀費：300日圓
入館時間：9:00～16:30
燈塔歷史資料館：免費入館
公休日：12/30、12/31
巴士概要：一般巴士／上下車在同一位置。觀光巴士／下車處離公園入口處較近，回程則在停車場等待。導遊小姐會負責接送並解説，同時安排進入燈塔內（在燈塔開放時間內）。

PLUS

日御碕觀光巴士預約流程

一般來説，觀光巴士都需要提早一天預約。外國人因為身分和語言關係，除了請旅館人員協助預約之外，還有一個最簡單的預約方式。

- 若住宿在出雲市：請先在出發前就到 JR 出雲站內的觀光案內所預約，內容包括出發日期、人數和説明要搭車的位置。
- 若從松江市出發去出雲玩：請先搭列車到 JR 出雲站，一樣在觀光案內所內預約，內容包括出發日期、人數和説明要搭車的位置。

＊請特別注意：

1. 若是當日出發，一定要在下午 1:00 前完成預約。
2. 建議搭車位置在出雲大社的門前町停車場。
3. 依照季節發車時間不同，搭車時間也不同，請多留意。

小知識 日御碕燈塔公園

日本名：出雲日御碕灯台。

高度：43.65 公尺。

建塔歷史：約一百年。

主要石材：美保關堅硬的白石。

特殊構造：有內壁與外壁雙層的磚造結構，能阻擋日本海冬季的寒風。

內部階梯：163 階。

世界遺產2 銀礦山與人造美景，石見銀山

山陰島根三個極富盛名的地方，一個是新登錄成為國寶成的松江城，另一則是千年歷史的出雲大社，再來就是考古歷史中，令人感慨萬千的「石見銀山」了。

石見銀山的名字就是這麼容易了解：「一座隨便挖塊石頭都是銀的山！」你不能說這名字沒創意，因為在十六世紀日本戰國時期，這座山被發現有豐富的銀礦存在，以日本人如此直接命名的方式（比如住在山腳下叫做山下），石見銀山已經算很有創意了。在整座山都是銀石的年代，這裡挖礦、治銀的任務是相當繁重的，畢竟當時全日本使用的銀幣都必須倚賴銀礦，當中有三分之二都來自石見銀山！當時全世界的銀產量，

日本就占了三分之一，可見石見銀山的銀礦產量之大。

為了管理銀的產量，這裡自然成為一個有上中下階級的小鎮，戰國時期的身分階層，即使在現在已是古蹟的石見銀山中，依稀可見。2007 年，石見銀山獲登錄成為世界遺跡之一，同時也是亞洲首次榮登的礦產遺跡。

雖說石見銀山就在 JR 大田站附近，但實際距離還是頗遠的，需要等巴士才能進入石見銀山，同時別忘記回程的班次。切記！請先到 JR 大田市觀光案內所拿取一張巴士時刻表，這張表上面會有出發及回程的時間，回程可選擇最晚的一班巴士，只要來得及回到 JR 大田站，什麼都不用擔心。

一定要做的事

　　抵達 JR 大田站→【必要】前往大田市觀光案內所索取巴士時刻表 →前往車站前的巴士站等巴士 →【必要】搭往石見銀山，可選擇在「世界遺產 CENTER」或「大森」下車拿取地區地圖 →可在此租賃單車，或者參加導遊團 →切記回程時間回到 JR 大田站。

石見銀山世界遺產保存區的小地圖

- ▬▬ 世界遺產指定古屋街道散步路
- ▬▬ 單車可騎乘的路線
- ▬▬ 散步路線
- ★ 巴士站

龍源寺間步

龍源寺間步道區

走路大約30到40分鐘

山吹城登山口

清水寺

清水谷製鍊所跡

騎單車大約15到20分鐘

河原吹屋跡

大久保石見守墓所

觀光案內所

五百羅漢

石見銀山世界遺產中心

石見銀山世界遺產中心站

大森街道古屋保存區

勝源寺

石見銀山資料館（大森代官所跡）

觀世音寺

舊河島家

熊谷家

大森站

大森代官所跡站

往大田站

前往石見銀山請注意

注意 1：不管使用哪一種方式在石見銀山遊玩，請記得先在「世界遺產 CENTER」或大森的銀山案內所拿取地圖，及巴士時刻表。

注意 2：冬天的石見銀山會降大雪（因為這裡是山區），路面也會結冰，積雪會高達 10 公分，也會非常寒冷，請盡量避開冬季前往（約 4 月至 11 月前往最佳）。

1 租賃單車（銀山案內所）

一般來說，租台單車在石見銀山區域遊玩是很方便的。走到哪玩到哪，即使不認識路，看著地圖也能抵達龍源寺間步（開放觀光的最大坑道）。不過在石見銀山有一些區域是禁止單車進入，只能步行前進，例如某些往山邊走去的古蹟，建議可以將車停在旁邊再走入，如果對這些古遺址沒有興趣者，則可直接前往龍源寺間步，或是繼續往大森街道方向前進。

2 步行者

我自己則是選擇步行，而且還「租」了一個導遊（銀山案內所，遊客 1 人 500 日圓，2 人 1,000 日圓，以此類推），有導遊的好處就是：他會拖著你到處亂跑，而且有十分詳細的解說，還會帶著照片與資料佐證。步行走的道路則是單車無法到達的地方，非常適合喜歡古蹟的人。雖然導遊大多用日文解說，但若聽不懂日文，導遊也會使用英文解說，這一點不須擔心。一般遊客不會注意到的小戲節，導遊都會說明的十分詳細，即使路上看到奇怪的東西，也可以發問；例如在一間老屋前我發現了一大一小的動物頭骨，一問之下才知道原來是山豬的骨骸。是的，在這座山中是有山豬的喔！導遊的解說只會從銀山案內所到龍源寺間步，回程就必須自己走回來，但因為路程幾乎都是直線，非常簡單。

以銀山案內所（巴士大森站）為出發點

1 往龍源寺間步方向，採銀的歷史

從銀山案內所走路，或者騎車到龍源寺間步，途中會經過許多大大小小的挖銀坑道（步道），有些遠在無法走過去的位置，有些可能就在路旁，但入口卻細小得可以。當初採銀人通常都是「用爬的」先鑽進開挖的步道中探勘，敲打後如果發現水源過多，就會放棄這個步道，不繼續挖開入口。坑道入口一般只有一個人可以通過，而且像這樣的步道在這條路徑中非常多，可見江戶時期的挖銀人相當辛苦。而且可憐的一點是，他們不只壽命非常短，連下一代都要從事同樣的挖銀工作。

下河原吹屋跡

已經只剩下遺跡的吹屋跡，是礦工們將銀礦採集到製鍊所後回鎮上再加工製成純銀的地方。到達吹屋的銀礦，要先經過洗礦、將銀礦洗得更乾淨、利用石灰將銀礦精鍊，並利用高溫將銀融出來。這些過程都相當複雜，每一個步驟都有一間專屬的房子和工作者，其中以「灰吹」與「清吹」兩種最傷身體，所以在吹屋工作的人，經常會有肺部的疾病，大部分在吹屋工作的人平均年齡都只有 30 歲而已。吹屋工作者不限男性，也有不少女性擔任洗銀的工作，吹屋的最前方就是收集純銀的工作，這個工作會由官僚來擔任，明顯的階級制度在此處就能發現。

大久保石見守墓

大久保長安是當時石見銀山的政府官員，也是官派的奉行（管理此處的官

員），在石見銀山負責開發銀礦的工作。在他擔任奉行期間，為石見銀山產量最高最豐富的期間。由於長期居住在這裡，所以大久保長安過世後，即安葬於此。

製鍊所跡

石見銀山到處都可以見到開採礦坑的間步，有數百個之多，這些從間步搬運出來的銀礦石，都會送到製鍊所做石頭與銀礦分離的工作。依偎著山邊，一個一個坑洞的地方，就是當時製鍊工人日以繼夜工作之處，高達數十個之多的製鍊所是由人工搭建，並沒有像間步那樣有坍方之虞。但是，在製鍊所工作是很辛苦的，為了要將石頭與銀分開，得用很多方式才能完成。目前已無法進入每一個遺跡內，只能在行經製鍊所的走道上拍攝。

龍源寺間步

石見銀山內目前開放自由參觀、不須事先申請的，只剩下「龍源寺間步」；另一個更壯觀的間步「大久保間步」則需要團體預約才能進入。不過，即使是第二大的龍源寺間步，也有一種走不完的感覺，古時候的挖礦人，究竟挖了多少坑道呢？

龍源寺間步有主要道路，負責運送所有礦石出去，以及細小的分支路線。

這些細小的分枝，有一些是人可以直立進出，然後再到裡面繼續挖礦；有些則是懸在石壁中，多出一條人可鑽進的坑道。坑道的複雜度難以用文字形容，由於有導遊的說明，大概可以得知，要進入這樣小的坑道，每一次都只能有一個人綁著繩索進入，先用探勘的鐵器敲打

僅供一人通過

龍源寺間步道雖然不深，但不停彎曲的小徑卻可以走上半小時以上。

礦山，沿途敲打、沿途擴展坑道的長度，並且將銀礦送出。在敲打中若遇到水源滴落，那這條坑道就不能繼續向上挖掘，因為代表已挖到地下水源處，若是繼續向上挖掘就有可能造成坍方，所以必須橫切坑道。

這樣的理論造就間步內有大大小小、深深淺淺、又橫又縱的小坑道，宛若迷宮一般。在每個小坑道中，還能看見放置蠟燭點亮間步的位置，是一種非常難得的體驗。

此時若有導遊解說，更能了解當時採礦的艱辛與過程，倘若只是走馬看花，也只不過是一條又一條的坑道而已。龍源寺間步的出口其實離入口很近，若仔細觀察，這個間步就是在山中挖出一個上下深度極廣的坑道，但距離並不會很遠，以方便運礦人能從兩邊出入口運礦。

出口處的小店擺著兩顆大銀礦（含石頭），小的大約 1 公斤，大的大約 5 公斤，但他們去除雜質後精煉出來的銀卻只有一點點，可見採礦的工作真的十分辛苦。若是有請導遊解說，離開龍源寺間步之後就能回到正常的道路，此時導遊就會離開，接下來就是自由活動的時間。

間步進入參觀費：410 日圓，外國人半價優惠（出示護照）
開放時間：9:00～17:00（12 月至 2 月提前一小時關閉）
公休日：年末～年初

清水寺 · 銀華巖

銀峰山清水寺是接近間步工作區域最大的寺廟，除了祭祀和信仰的功能外，這裡負責招待前來探察的官員，所以寺廟內部美輪美奐。進入銀華巖屋內，抬頭還能看到華麗的各國（戰國各國）家徽，它代表著許多需要銀來製作銀幣的城主，而且還會派人到此確認銀的品質和工作進度。銀華巖是採銀工人以身體健康換取工作，展現華麗的一面。

2 往大森街道方向，礦山的小鎮

戰國時期，石見銀山挖銀礦的地方更寬廣（約有二分之一的山），但進入明治維新之後，1922 年便停止了銀礦挖掘。同時也因為銀礦產量逐年下降，石見銀山挖礦的區域也跟著縮小，1943 年完全封山，銀礦不再生產，所以目前我們所知的石見銀山，應該稱為石見銀山之大森地區，以下就簡稱大森地區。

由於銀礦挖掘榮極一時，挖礦工人、官府官員、武士等入住大森地區的人也越來越多，讓大森發展成小鎮，成為德川幕府直轄，所以這裡也有武家屋敷、商鋪、行政官府和神社、寺廟等。目前大森已被列為「重要傳統建築物」，一屋一瓦都不可以再做任何改建、更變。也就是說，你現在看到的都是獲選成為重要傳統建物後保留下來當時的狀況。即使武家屋敷和老商鋪有些已不復在，取而代之的是創意商店和咖啡館，但卻把小鎮帶向另一種風味。不過這裡還是有很多住家，認清是否為店家之前，請別輕易去拉開別人家的門啊！

小知識 什麼是間步

「間步」（まぶ）是古代日文的說法，以今日的文字來解釋，就是「坑道」的意思。古時候的人採礦時，並沒有運送礦物的車子，所有的工作都是由人來擔任，採礦是人力，搬礦也是人力。有些間步的入口很小，只能用爬的方式進入，先試看看此處是否安全，能否大規模採礦，然後再用接力的方式將銀礦搬出。有些間步入口很小並沒有擴大的原因，可能是在試探過程中發現該處有大量的地下水源經過，無法繼續採礦，才會放棄這條間步。在石見銀山中，像這樣的較小的間步入口為數不少，但也有大到約一個人高的，不過目前已經禁止採礦，開放參觀的間步也只剩較大的「大久保間步」（需團體預約）和「龍源寺間步」。

五百羅漢，羅漢寺

　　石見銀山的羅漢寺與一般地方性的寺廟有很大的不同，雖然一樣是羅漢造型，但事實上是為了紀念過世的礦工與先祖，所以有不同的表情，而且栩栩如生。十八世紀後期，五百尊羅漢耗費二十五年完成，分別擺放在寺院內與反橋後方，即使沒有進入寺廟中，也能拍拍在反橋附近的風光。羅漢寺的反橋雖然很小，但卻依然入選為日本百大橋之一，是個很好拍照的地方。

入館費：500 日圓
開館時間：9:00 ～ 17:00
公休日：無休

石見銀山世界遺產 CENTER

　　巴士的總站，也是石見銀山的研究中心。為了推廣石見銀山的觀光，每逢假日（六、日），世界遺產 CENTER 都會定期舉辦石見銀山銀飾品體驗營，除了可以體驗銀飾的製作過程，做好的銀飾品也可以帶回家。

入館費：310 日圓，外國人 200 日圓（出示護照）
開館時間：9:00 ～ 17:30（12 月至 2 月提早 30 分鐘關館）
公休日：每月最後一周二、年末年初
網站：http://ginzan.city.oda.lg.jp

大森街道

大部分為商家、武士之家、官員住屋以及行政單位的大森街道，自從明定成為世界遺產後，就再也沒有更動過建築的外觀。不過，早從礦量大減之後，這裡的繁華就已不在，找不到工作的工人逐漸離去，小鎮沒落，直到開始進行地方振興運動後，這些廢棄的商家，以及還苦撐著沒有離開的店舖，才改頭換面，成為新的商店街道。這裡至今仍保持著江戶時期風格，即使是路上的自動販賣機，也偽裝出復古感。沿路上的老神社、寺廟，與偶爾穿插其間的武家屋敷，花點時間閒逛也頗為舒服。

但要注意，由於石見銀山許多設施都在 17:00 左右關閉，所以店家營業也不會超過 18:00，想要在老屋咖啡館內悠然喝著咖啡，得留意時間。

大森街道的終點就是代官所遺跡，平時也可以進入參觀，參觀結束後剛好可以在此處等待回程巴士，相當方便。若有出租單車，當還車之後，可慢慢逛回大森街道，然後直接在「大森代官所遺跡」搭回程巴士。請注意，最後一班巴士從「大森代官所遺跡」出發為 19:24（假日為 18:05）。

各項交通費用

巴士：從大田市車站到大森站約 680 日圓（單趟）、到世界遺產 CENTER 為 760 日圓

一般單車：三小時 500 日圓

電動單車：二小時 700 日圓

導遊解說：一人 500 日圓

走路：免費

小知識 大久保間步

大久保間步是石見銀山所有間步中最大的一個，因為這是為了讓奉行大久保石見守可以「騎馬進入探視」挖礦狀態（這也是他的工作之一），所以大久保間步的坑道高度都比其他間步來得高，大約有 5 公尺。當然，這個間步也更為寬大，內部小徑錯綜複雜，一不小心迷路，可是非常危險的，所以必須預約，團體進入。預約後會有一名導遊隨行，也會有一些安全措施，並且幫旅客投保，參觀時請務必小心個人安全。

參觀費用：3,700 日圓

參觀時間：每週五、六、日及日本國定假日（12 月至 2 月冬天禁止開放）

發團次數：每日四團，每團 20 名

行程時間：約 2 小時 30 分到 3 小時

預約網站：http://www.iwami.or.jp/ginzan/

與境港相對的古老港口，美保關

與鳥取縣的境港相對望的美保關（大山斷崖），曾經是松江城主建立大城的選擇地之一。它的防守性相當好，背倚高山，前為海洋與港口，非常適合建立大城，可惜在多次評估之下，松江城主還是選擇了現在松江城的位置，而美保關則成為提供松江城漁獲糧食的地方。

江戶時代還是需要大量人力的時代，面臨日本海有著天然海灣的美保關，是一個屬於漁民的城市；負責漁獲銷售與利用運河運送。至今，在古老的美保神社旁的「青石疊街道」（青石疊通り），仍然保有江戶建築特色，堅守江戶風味採貨用的旅館以及商店，持續經營。

從松江市出發

抵達 JR 松江站 → JR 米子站 → JR 境港站 →巴士前往宇井渡船場 →換搭前往長島小巴士 →五本松公園下車 →步行前往美保神社（車程約 3 小時）

前往宇井渡船場巴士費用：210 日圓
前往五本松公園小巴士費用：210 日圓

也是巴士站的美保關郵局

　　這裡特有的景觀就是家家戶戶都曬著花枝（イカ），這是山陰地區相當常見，保持花枝鮮度和防腐的最好方法。與京都伊根舟屋不同的是，雖然這裡也是背著山、面著港口建立的漁港，但從一開港就並非是單純存放漁獲的地方，而是真正的漁夫捕魚、建立家庭和城市景觀的港口。

所以相較起來，靠海這面的房子雖然還是偶爾會停駐自家漁船，但搭建的房子並不會低於海面，加上所需漁獲量較大，所以外出捕魚的船隻也都以停靠港口為主。

美保關是一個離鳥取境港很近，卻離島根松江市較遠的地方。可以從 JR 境港站搭船到此處，但也能選擇搭乘從渡船場出發的巴士，到巴士乘換處再換搭前往美保關的小巴士。若走這個路線，途中可以看見著名，斜度將近 70 度，橫越島根與鳥取的「江島大橋」。搭著港口巴士，沿著倚著大山所開闢的曲折小徑前進，也是一種風情。

美保神社

　　美保關的守護者美保神社，同時也是相當有名的緣結神社。這裡保佑著祈求幸福愛情的未婚女性，每到假日，女性遊客也較多。每天上午 8:30 和下午 15:30 都會有巫女（未婚的女性神官），為這裡神明獻舞，也是許多遊客前來參觀的誘因，畢竟現在還有巫女獻舞的神社已經不多了。長久以來，頗有歷史的美保神社一個保持著傳統並且守護港口的安全。

窗口，即為風景之畫，足立美術館

有著「日本第一美庭園」的足立美術館，位於島根和鳥取的小小邊境上，原本以為這裡位於鳥取（接近鳥取米子市），但其實屬於島根縣。這是個很奇妙的鄉間小地方，卻藏著一個偌大的庭園式美術館，也算相當奇趣。

想前往足立美術館？當然，自認腳力頗好的人可以從 JR 安來站走路過去，但既然有免費接駁車，何必呢！車站到美術館真的有點距離，加上往返都有免費接駁車，每一班的時間差大約 15 分鐘至 40 分鐘不等。

基本上，為配合開館時間以及尖峰時段，不須預約，抵達 JR 安來站後，可直接在站外的足立美術館接駁車站牌下排隊等待即可。至於回程（從美術館回車站），請先抽取整理券，因為回程車次有限，都以整理券為基準，所以請務必在美術館入口處抽取整理券，同時切勿錯過最晚發車的時間。

猶如一般美術館，館內珍藏品必定價格不菲，並且有經常性更換的企劃展。當然，這些展覽、珍品都無法拍照（館內禁止拍照規則），只能用眼睛觀賞。其實，最美的藝術品就是深深烙印在眼中的美景，而且美景絕對不只在於古人珍貴的美術品上。

創館時間：昭和 45 年
創館人：足立全康
注意 1：館內請勿拍照
注意 2：特別留意免費巴士時間表
‧最早前往足立美術館的免費巴士為 8:50
‧最晚回到 JR 安來站的免費巴士為 17:15
入館費：2,300 日圓
開館時間：9:00 ～ 17:30（10月至 3 月提早 30 分鐘閉館）
公休日：舊館全年無休，新館請注意休館公告（每年不同）
地址：島根縣安來市古川町 320
網站：https://www.adachi-museum.or.jp/
＊館內有大量收藏，需解說可租用中文導覽機：300 日圓

在這裡，整個足立美術館的室外庭園就是一幅幅美麗的畫。由橫山大觀（本身也是美術家）設計的日式庭園造景，彷彿增一點嫌多，減一點遺憾，加上四季各有不同的風景，在無法拍攝館內珍藏品之餘，透過館內走廊的窗戶，也能感受並且拍下無比的美景。即使在用餐的餐廳，選擇坐在窗邊，也是一種享受。

推薦前往的季節是春初，雖然 4 月的島根仍然有點冷，但春初是日式庭園中最美的季節，幾乎一片白色與綠色組合的庭園（白色為砂石庭園步道），萬綠中冒出的各色花朵，點綴了滿綠的庭園，頗有情趣。最推薦的則是 10 月底 11月的秋天。當然，11 月初的山陰已經頗有寒意，但是此時已是微楓紅季節。

在一年四季都以「枯山水庭，雨濡青綠」為主題的足立美術館，唯有在秋季楓葉盛開時期，才能完全推翻這個主題。只要有楓樹以及落葉樹木的地方，就會染成黃、橘、紅三種不同的顏色，再搭

配上常綠的灌木，成為最美麗的庭園造景。不過很可惜的，這個時段也是觀光客較少的秋冬季節，而且楓紅的時間並不若想像中來得長，日本海的冷冽比日本其他地方來得更快更狠，只要開始飄雪，這裡就會呈現雪國世界了。滿雪的足立美術館庭園造景一點也不美，為何？因為全部的美景都被雪淹沒了啊！

小知識 橫山大觀

有「近代美術大師」的橫山大觀，跨越了日本明治、大正、昭和三個時期。他的作品有著非常傳統的日本浪漫氣質，同時也研究了許多傳統的日本繪畫藝術，最有名的就是富士山的水墨畫風。他同時也替靖國神社畫了一幅獨一無二的大觀之扇。基本上他的一生就是，從幕府進化到現代的日本美術史。

PLUS
島根溫泉情報

島根縣幾乎整個都被溫泉占領，加上大山連峰中的幾座山都是活火山，所以溫泉的品質和及溫泉量迥異，也更為天然，不乏祕境之湯，但都離車站有點距離，在這裡我們只簡單介紹少數幾個溫泉區。

玉造溫泉

日本三大美肌溫泉中最古老的，就是「玉造溫泉」，除了有一千三百年的歷史外，湧出的泉水還有緣結的功能（因為島根是緣結之國）。勾玉是這個溫泉的代表物，除了住宿溫泉旅館外，泡泡戶外的足湯也是一種享受，最特別的是連橋下的河水，也是暖暖的溫泉水。同時，也可順道一遊「玉作湯神社」，這裡的溫泉神就是勾玉神，還有能達成願望的許願石，在拜殿誠心的許願後放進御守中帶回，就能讓你的願望達成。

· 最近車站：JR 玉造溫泉站
· 網站：https://www.tamayado.com/

湯之川溫泉

日本三大美人湯有：島根「湯之川溫泉」、和歌山「龍神溫泉」、群馬「川中溫泉」，所以這裡也是三大美人湯之一。這個美人湯還有個神祕的傳說，説湯中有位美人神，女性泡湯後能夠變美，但就只是個傳説罷了。湯之川溫泉特別點是在於位於出雲的海邊，進入宍道湖之處，加上山中岩壁湧出的泉水，讓泉水的水質帶有一點鹹味，50 度左右差不多剛剛好的溫泉溫度，能洗去一天的疲勞。當然，也有緣結的預言存在。

· 最近車站：JR 莊原站，若預約溫泉旅館，可請旅館至車站接送
· 網站：http://www.yunokawaonsen.jp/

三瓶山溫泉

被稱為神祕溫泉湯的「三瓶山溫泉」，號稱能讓你一晚泡上 16 種不同的溫泉池。由於三瓶山附近的六座山都還是活火山，所以這裡的溫泉各有不同的特性，深受溫泉愛好者推崇。但也因為位於山間，前往需要花上時間，也造就了祕湯的傳説。活火山的效應讓溫泉源源不絕的流出，不過這得越過山、走小徑才能到達，為了安全著想，請選擇交通方便的溫泉旅館。

· 最近車站：JR 太田站，若預約溫泉旅館，可請旅館接送，或搭乘往三瓶山方向的巴士，順便一遊美麗的三瓶山。
· 推薦的日歸溫泉：祕湯「千原溫泉」
· 網站：http://www.sanbesan.jp/

溫泉津溫泉

三瓶山腹地的溫泉相當有名，主因還是在於島根的三瓶山連峰都是活火山，地底的活躍讓溫泉也跟著活躍。有一千三百年歷史且名列世界遺產之一的「溫泉津溫泉」是一個小有規模的溫泉區，住宿也好，日歸也罷，都是很好的選擇。這裡的日歸溫泉稱為「外湯」，分別為擁有一千三百年歷史的元湯，以及擁有最高天然溫泉平價的藥師湯，以及地區居民使用的才市溫泉，這三個外湯，使用費大約在 500 日圓左右。

· 最近車站：JR 溫泉津站，徒步 15 分鐘即可到達
· 網站：https://yunotsu-meguri.jp/

最美的賞楓祕境，奧出雲

相信大家都聽過出雲、出雲大社、松江城這些有名的觀光景點，但是你知道嗎？其實島根最美的地方在「奧出雲」。到過日本這麼多地方，包括有著神之降臨美名的宮崎，其實都沒有奧出雲神祕與美麗，奧出雲是日本境內真正的祕境。

奧出雲一直是我認為挑戰性最大的「祕境聖地」。整個奧出雲的範圍很廣，不能只侷限在某一個村落中，若要選擇主要停歇的車站，不妨以有「出雲」兩字作為站名的車站下車，例如比較有名的「出雲八代」、「出雲三成」（大國主命站）和「出雲橫田」，這三個車站之間的區域就是奧出雲（町）的位置。

祕境真的不愧是祕境，電車班次少得可憐，主要由木次站發車的木次線是唯一前往奧出雲的鐵道。

木次線穿越了將中國地區切割成山陰山陽的大山群峰，能從島根通到廣島，很神奇吧！原來前往山陰的鐵道，不是只有從岡山繞到鳥取的方式，從廣島也可以呢！不過，木次線的班次很少，出發前請務必查詢正確日期的發車時間，遇到假日會有更動喔！

光是前往奧出雲祕境小村落的路程時間又相當長，雖然沿途風景真的是全日本最美（因為沒什麼人啊），但若真的沒有那個毅力跟時間，就別把奧出雲排進行程裡。除非祕境之旅就是你想要的，萬一真的要去，請務必挪出兩天一夜的時間，在出雲三成與出雲橫田都有供住宿的飯店。而且若真的想去奧出雲，建議以溫泉旅館優先，這才進入祕境一

遊價值之處。

　　奧出雲擁有全日本最美楓紅祕境之名，在緩慢爬坡的電車中，坐在毫無玻璃窗隔絕並且面對窗外景致的座位上，穿梭於有點難以想像的山林間，進入眼簾的真的是漸層式的楓紅，而且美景完全不需要用到腳，乘坐在電車中就能欣賞到。我想，就是因為難以到達，加上

車程超久，在沒有過度觀光開發之下，才堪稱是真祕境。畢竟日本有很多所謂「祕境」的地方，不但入場要收費，還得排隊進入，一點也沒有祕境的隱密感啊！

　　奧出雲小村落（奧出雲町）有許多是絕對必看的地方，其中一個是列為「世界遺產」的棚田村落，還有《鬼滅之刃》動漫參考用的鬼神神社。至於前往奧出雲的唯一觀光電車，就是令人著迷可以伸手摸到楓葉，車廂有著開放式窗戶，讓你可以沿途欣賞美景以及吹自然涼風，車內還販售便當和蕎麥麵的大蛇號（奧出雲おろち号）。由於運駛無數年，車體老舊，即將在 2023 年春天停駛，接著就會由新的「木次號」觀光列車接替。想搭大蛇號，就要像等待前往北海道的北極星號一樣的，限定期間復出，那真的是要靠運氣了。

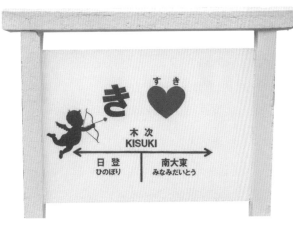

接替的「木次號」觀光列車以試運
行的狀態來看也不錯，車體前方會標示
代表著木次站獨有的き ❤（きすき／
kisuki）車名，車況也新。可惜的是，從
試運行的照片上看來，開放式車廂已經
取消了。目前記憶中還擁有相同開放式
車廂的，也只有與阿里山小火車為姐妹
鐵道，位於富山縣宇奈月溫泉站發車的

「黑部峽谷鐵道」觀光小火車了。

如果想要安排秋天的小旅行，又想
順便泡個溫泉，住一個晚上之後再回到
山陰的島根，或是直接前往山陽的廣島，
兩種行程都是不錯的選擇。不如來個奧
出雲鐵道之旅吧，新推出的觀光列車感
覺也是很吸引人呢！

PLUS
奧出雲鐵道之旅

行程安排 1：木次線輕旅行

宍道站→木次站→出雲八代（下車散步）
→出雲橫田（住宿）。
出雲坂根（回程）→木次站→ 道站。

行程安排 2：山陽輕旅行

宍道站→木次站→出雲八代站（下車散

步）→出雲橫田站→油木站→比婆山溫
泉住宿→備後落合站（轉藝備線往廣島
方向）→廣島站。

藝備線也是處處驚奇，很多車站都
值得下車小玩一下，像是「備後庄原」
站、「八次」站與「三次」站。對 JR 鐵
道之旅有興趣的朋友，不妨找一下相關
的書籍研究一番吧！

島根祭典，選擇適合你的觀光行程

　　由於日本海的冬季較為寒冷，所以大多數的祭典還是集中在夏季，並以「神在祭」為最主要的年度活動。除了神在祭有每年固定日期之外，其他祭典多多少少會因為假日而有所調整，所以請注意島根觀光中心的網站，正確把握祭典時機。

3月　松江城之祭

　　每年3月下旬到4月上旬，松江城會因為櫻花季的關係，展開為期大約兩到三週的城之祭。以松江城天守閣為中心，四周的城山公園會安排演奏會、賞櫻會、和菓子會等等不同節目，同時也會開放夜間賞櫻，屆時護城河沿岸也會有櫻花飄落的美景。

5月　出雲大社例祭

　　出雲大社除了農曆10月的神在祭之外，每年的5月（西元計算）也會舉行大社例祭。每年5月14日，由日本天皇指派的「勅使」（身付天皇旨意的人）前往出雲大社執行例祭，活動內容主要包括日本傳統弓道的射祭、騎在馬背上的流鏑馬神事，以及表演古代的舞蹈「鈴振之舞」。

6月　大山開山

　　山陰地區最重要的大山，幾乎整個冬天都會降下大雪。被大雪掩蓋的大山，每年6月開山，6月的第一個周六、周日則會舉行開始祈願儀式，適合喜歡登山的人前往。

6月　螢火蟲季

　　每年 6 月初至 6 月中旬是螢火蟲的交配季節，此時努力發光的雄性螢火蟲，會拚了命閃著光芒，在山林原野或稻田中形成一幅美麗風景。為了提供更多的觀光客前往欣賞一年一次的螢火蟲季，島根縣特別會挪出兩周的時間加開夜間巴士來服務。部分地區夜間賞螢要先預約，請記得查好資料再前往。

　　請注意：螢火蟲很怕驚嚇，觀賞請安靜。

由地區觀光協會或溫泉區發起的賞螢活動

從溫泉旅館出發者，請與溫泉旅館預約巴士	
玉造溫泉旅館協會	6 月中旬開始，螢火蟲季的 2 周內皆可預約搭乘；有些要收費，出發前請確認。
赤川螢火蟲之鄉觀光祭＋出雲神代神樂祭典	赤川是有名的螢火蟲之鄉；螢火蟲巴士要預約，大人 2,000 日圓，晚上 7 點從 JR 出雲大東站出發。6 月 7 日當周週六的行程還包括神代神樂祭典的觀賞。
安來市鷺の湯溫泉旅館	足立美術館旁；溫泉旅館附近就有螢火蟲觀賞區。
吉田螢火蟲祭典	6 月 7 日起約 1 周左右，祭典活動通常在當週六；請先至安來觀光協會索取資料。
かくれの里溫泉旅館	溫泉旅館內夜間即可觀賞螢火蟲；JR 濱田站有免費接送巴士，約 6 月可開始預約；此處也有寵物溫泉。 http://hpdsp.jp/yukari/
美都溫泉旅館湯元館	可購買一日泡湯券，每週三公休。JR 益田站可預約接送巴士，螢火蟲巴士約 6 月起預約。 http://mito-onsen.com/

6月、8月　松江水鄉花火祭

　　松江有「水都之城」之稱，這個「水」指的就是最重要的宍道湖。在每年的 6 月中和 8 月底（每年日期不一）都會舉行水鄉花火祭，藉時煙火會往湖面上施放，形成天空與湖面皆有煙火的美麗景象。請注意！花火祭有分有料觀賞（需購票，有椅子），以及無料觀賞（沒有椅子）這兩區，若投宿在離松江站不遠處，往宍道湖的方向，走路約 10 分鐘就可以抵達會場。

10 月　松江鼕行列

水燈路結束後，10 月的第三的週日，松江市的大小町都會派出自己的山車隊伍，以擊鼓的方式遊覽整個松江市。山車上的大鼓直徑約有 2 公尺，以前僅限男性參加擊鼓，現在也有許多女性鼓手。一邊步行一邊打鼓，是秋季結束前最美麗也最悅耳的風物詩。

8 月　出雲燈籠流

日本每年的お盆，也就是 8 月 15 日，出雲市的高瀨川會舉行燈籠流祭。可在街道購買燈籠，寫上心願後，晚上走到高瀨川將燈籠投放，讓其隨著川水流入大海。當天，街上也有屋台等祭典會出現的臨時店鋪。

10 月　松江城水燈路

為期三天的松江城水燈路，會有加開「免費夜間巴士」將遊客回送到 JR 松江站的服務。水燈路只有在夜間才會點燈，配合水燈路，白天也會舉行茶會等不同活動；夜間整個城山公園則會被千盞燈籠占領，也可以自己做專屬的水燈籠。

11 月（農曆 10 月）　出雲大社神在祭

此祭典請參考前方「出雲大社」篇章（第 67 頁）。

Part 3

漫畫家聖地
鳥取

- 淺談鳥取

- 晚上才找得到吃的，JR 鳥取站和周邊

- 砂丘玩一天，在砂丘騎車＆騎駱駝、逛砂之美術館

- 山陰海岸美不勝收，白兔海岸、浦富海岸、鳴石海岸

- 鬼太郎故鄉，米子與境港

- 真相永遠只有一個！由良站的柯南

- 祈求愛的倉吉白壁土藏群

- 如神一般受景仰，伯耆大山

- 鳥取的祭典，選擇適合你的觀光行程

漫畫家聖地
鳥取

知名度不分上下，縣的形狀也不分上下的鳥取與島根，經常都在爭日本47都府道縣的倒數兩名。一直以來都還以砂丘制勝的鳥取，這回終於落敗走入第47名，就連國際知名的咖啡連鎖店Starbucks，也是在2016年才在JR鳥取站附近開了唯一一間店。難道，鳥取真的這麼杳無人煙？

其實不然！近幾年來鳥取積極的招攬外國觀光客，由於距離近畿的兵庫縣很近，若是搭乘高速巴士，穿越群山間的山洞與高架道路，而不走傳統的JR山陰本線，大約只要兩小時就可以到達大阪市中心。若真的要非常保守的在鳥取玩樂，而且只要去砂丘過過癮、踩踩點，「當天來回」大阪、鳥取都是有可能的。

就是為了吸引這樣的觀光客，尤其是外國遊客（因為外國遊客習慣利用JR鐵道），鳥取推出了許多針對外國遊客在交通上的優惠。有的甚至是一到JR鳥取站前的巴士總站，走近國際觀光案內

所，馬上就有觀光計程車把你接走，玩樂鳥取，然後再把你送回JR鳥取站；就算只有玩一天也好！鳥取市這樣認為。所以，如果填寫觀光資料時，你說你還住在鳥取幾天，感覺整個觀光案內所的人都會90度彎腰、鞠躬跟你感謝一般，鳥取啊……鳥取。其實你真的沒有想像中這麼不好玩啊！好好善用你的優點吧！

鳥取市針對外國觀光客的旅遊優惠

以下是需要出示觀光簽證，給予外國觀光客的優惠。

1,000 日圓觀光巴士

是的！只要 1,000 日圓，就可以搭乘高速巴士前往大阪，若是往返大阪、鳥取，則需要 2,000 日圓。行李可放在國際觀光案內所，特別注意是每年優惠的期間，由於日本海很冷，這項優惠大多從 6 月到 10 月這個較適合旅遊的溫暖季節。

數十種行程安排的觀光計程車

針對外國人的觀光計程車優惠，已於 2023 年 4 月底公布，價格仍維持在 3,000 日圓（一台車最多 4 人搭乘），包車前務必確認行程與路線。有數十種行程安排，就算只有一個人（我覺得只有一個人最划算），也可以搭乘觀光計程車，前往沒有巴士能到達的地方。或是根本不想等巴士，就讓運將先生帶著你到處觀光。

很幸運的，搭到一位願意陪我上山下海的運將先生的車，由他來帶路可以省卻找路的時間。若你不會日文也沒關係，大部分能成為觀光計程車的運將都會說英文喔！

鳥取市觀光計程車路線參考

每 3 個小時為一個時段，各主題路線如下：

路線 1	白兔海岸路線	白兔神社 → 白兔海岸 → 鳥取砂丘
路線 2	浦富海岸路線	浦富海岸 → 砂之美術館 → 鳥取砂丘
路線 3	鳥取砂丘路線	鳥取砂丘 → 砂之美術館 → 鳥取市區鳥取城跡
路線 4	螃蟹路線	家鄉物產館＋螃蟹館 → 忠玄寺
路線 5	因幡路線	雨瀧瀑布 → 雨瀧豆腐料理 → 因幡萬葉歷史館

還可自行安排路線，例如我的安排是這樣的：

路線 X	自行安排路線 大約 3 小時	白兔神社 → 浦富海岸 → 砂之美術館 然後再自行去鳥取砂丘，搭巴士回程

因為白兔神社與浦富海岸都是搭巴士比較麻煩的地方，所以選擇這兩處。最後，在砂之美術館完成 3 小時的行程，其他的時間就可以逛逛砂丘周邊，再搭乘方便的巴士回到市區。

統一車型的觀光計程車

淺談鳥取

聽到鳥取就想到砂丘！這似乎已經是一個既定印象了。一講到鳥取，每個人都說：「喔⋯⋯就是那個有砂丘的地方嘛！」就用這一個簡單的對話，結束了對這個縣的描述，跟島根只有出雲大社一樣。

這兩個「只能用一個知名的地方掩蓋了其他觀光景點」的縣，甚至還可憐到要互相競爭，比誰比較知名。不過，感覺起來好像島根贏了，因為島根不只一間星巴客，而且一家開在頗為好逛的 JR 松江站內，另一家則在古色古香的在出雲大社前。那麼鳥取呢？鳥取的星巴客開在離車站有點距離，又沒有什麼商店街和飯店的 JR 鳥取站南口，走過去還要花上 10 分鐘，這樣的咖啡連鎖店，一點也不貼心啊！難道，鳥取又這樣輸了嗎？

鳥取縣由因幡國與伯耆國兩個古國組成，代表物當然就是因幡的白兔，伯耆的大山。鳥取除了眾人皆知的砂丘外，還有國際知名的砂丘美術館，再過去一點則有海岸線美到極點的浦富海岸（大山連峰的尾端），以及和你結好緣的可愛白兔神社。離開鳥取市，可以前往知名的鬼太郎之鎮：境港，還有城崎溫泉，或是往倉吉走，又是另一種白壁風情；若再往內陸走去，伯耆的方向，則是大山的所在。

還有，你喜歡毛利小五郎嗎？

由於漫畫家青山剛昌老師的故鄉也在鳥取，所以這裡有一個《名偵探柯南》之家呢！「漫畫家的產地都在鳥取縣」，這一句話一點也沒錯，包括了上面提到的鬼太郎之父水木茂老師、真相只有一個的永遠小學生柯南：青山剛昌老師，以及《孤獨的美食家》的原著漫畫家，都出身於鳥取縣。

鳥取也是個很喜歡跟著潮流改變自己的城市，比如到了螃蟹季，這裡也會叫做「蟹取縣」；因為東京上野動物園新生的小熊貓命名為「香香」（シャンシャン），拼音名字和鳥取市一年一度最大的祭典「鏘鏘祭」（シャンシャン祭り）相同，所以市長便很開心、搭順風車的說：未來我們也可以叫做「香香」。

還有，趕上自然風潮，大山周邊和砂丘附近，由於夜晚沒有光害的關係，仰頭都可見到清晰的銀河，是整個日本可以欣賞最美銀河的地方，所以鳥取縣又把自己叫做「星取縣」，連阿部寬到鳥取縣取景拍電影，也請電影公司做了一個星取縣的宣傳版本，真的是很愛取名字、跟流行呢！

小知識 鳥取的「鏘鏘祭」

日本每年 8 月中的中元節（又稱お盆），鳥取都會舉行相當盛大的「鏘鏘祭」（シャンシャン祭り）。每個人都拿著特製的傘跳舞的鏘鏘祭，也可以稱為「傘舞祭」，在 8 月的中元節時，整個鳥取市會被萬千把傘圍起來，大夥拿著華麗的鏘鏘傘跳舞，規模十分盛大，是個非常特殊的祭典，而且夜間也會施放煙火，來呼應盛大的鏘鏘祭！

在日本各縣的夏季祭典中，鏘鏘祭算是非常有名的。由於外型美麗，又將延續傳統的鏘鏘傘舞發揚光大，幾千人合力跳著傘舞，是鳥取最大的盛事！

鳥取美食

從鳥取市出發，會發現，其實鳥取的名產還真不少！而且頗登得了檯面，造型也相當可愛，不管是伴手禮，還是現場吃，都美味滿點。

螃蟹

既然鳥取縣都可以叫做蟹取縣了，我想螃蟹就不用再多解釋了。螃蟹其實是很多日本海沿岸各縣都會有的海產，只是鳥取縣把昂貴的螃蟹平價化了！中午時分，許多食堂販售的蟹肉丼只要1,000日圓，有滿滿的蟹肉呢！當然，若在晚上吃價格會比較貴，所以在鳥取的海鮮食堂吃午餐，大多只要1,000日圓就能非常划算的吃到螃蟹了。當然，也可以選蟹腳大餐啦！

二十世紀梨

二十世紀梨很單純的就是一種梨子的種類名稱，就像是水蜜桃之於岡山、蘋果之於青森一樣。鳥取將二十世紀梨製成很多不同的產品，像是二十世紀梨果凍（包裝為梨子模樣）、二十世紀梨甜點、二十世紀梨餅乾。其中，最推薦的是二十世紀梨啤酒。畢竟二十世紀梨啤酒並無法在日本各地買到，但是在鳥取縣卻到處都是，這是第一推。再來是，二十世紀梨啤酒風味頗好，當然也是水果酒的一種，十分香甜，這是第二推。第三推，當然是來到鳥取不喝一罐二十世紀梨啤酒，這樣能説你到過鳥取嗎？

白兔地瓜小饅頭

鳥取的白兔神社相當有名，在第145頁將會介紹白兔神社。在此之前，先來介紹白兔小饅頭。為什麼加個「地瓜」，主要是因為日本大部分的小饅頭，裡面包的餡料都是紅豆，但鳥取的白兔小饅頭裡頭餡料則是「地瓜」，而且一盒包

裝中有許多小饅頭，是值得買回家請公司同事或社團朋友吃的划算伴手禮。

昆布出汁醬油冰淇淋

其實個人並不知道為什麼只有在「由良」才能買到這款冰淇淋，其實它有各種口味，但卻以昆布出汁醬油口味最為出名。一定有人覺得好奇，這款醬油冰淇淋好吃嗎？是什麼味道？其實，日本的醬油冰淇淋很好吃啊！自從在小豆島上吃過一次後就愛上了醬油冰淇淋，在日本旅行時，看到有醬油冰淇淋必買！什麼味道？很單純，就是一股濃濃的焦糖味，卻沒有焦糖那麼甜膩。小推薦，吃過一次就會愛上。

往兵庫

東濱站

浦富海岸

田後神社

鳥取砂丘

砂的美術館

鳥取站

鳥取大學前站

白兔神社

湖山池

末恆站

白兔海岸

寶木站

西因幡縣立自然公園

青谷站

小富士山

三德山三佛寺

東鄉湖

松崎站

倉吉站

三朝溫泉

青山剛昌鄉土館

鳥取二十世紀梨紀念館

由良站

倉吉白壁土藏群

羽衣石城跡

鳴石海岸

赤碕站

往米子

鳥取縣的山陰海岸路線

山陰鐵道

山陰海岸線

晚上才找得到吃的，JR 鳥取站和周邊

鳥取最大的城市當然就在 JR 鳥取站周邊了，JR 鳥取站內部並沒有什麼特別好逛，或是必須要先去的地方，就算在北口看到的小小觀光案內所，對於外國觀光客來說也沒有多大的用處……。反倒是走出站後往右手邊走，會遇到鳥取「國際觀光案內所」，這裡對於外國觀光客來說才是真正有用處的地方，即使沒有馬上準備出發，也可以在此先收取情報。

鳥取市區並不像其他一般大城市那樣，隨處都有便利商店，從觀光案內所內先拿取一些市區內資料、巴士的資料，以及地圖，若是有想要預約觀光計程車，也能先預約。手機上若有下載天氣預報的 APP 是很重要的，若沒有，觀光案內所的人也會大致說明最近三天的天氣。

若有興趣租輛觀光計程車，就直接在此填寫資料吧！如果沒有計畫馬上出發，只要提早一天到案內所預約即可，鳥取縣國際觀光案內所的資料請看第 38 頁。

此外，利用使用鳥取市內循環巴士「くる梨」的紅藍綠 3 條路線，能帶你前往市內知名景點。不管多遠，每趟皆是 100 日圓，也非常適合雨天無法遠遊的旅行好計劃。

鳥取的車站

走了鳥取縣這麼多個車站，一直到進入島根後才突然發現，「咦！鳥取縣的各個車站都沒有自動剪票口！」全部都由人工剪票、看票和補票，雖然不知道未來是不是會增加自動剪票口，但至少在 2018 年之前，鳥取縣的車站都沒有增設自動剪票口！前往鳥取縣旅行的朋友們可以特別觀察看看。但市內循環巴士已導入電子支付系統。

榮町商店街（彌生公園前）

若在白天進入鳥取市，尤其在 JR 鳥取站附近，會有一種「這個城市好鄉下、好無聊，怎麼沒有繁華商店街？」的感覺。當然，因為鳥取讓你可以任意覓食的商店街，是在夜晚才開店的啊！白天店面開得零零落落的榮町商店街，夜晚華燈初上，這時才知，鳥取的人潮在夜晚才出現！整個榮町商店街，又是串燒店、又是燒肉店，還有相當適合女子會的熟成牛肉 PUB，就連法式餐廳也開在夜晚，與隔壁的島根完全一樣，這兩個城市真的是夜晚之都啊！

不過，榮町的商店街不管週一或週四，都頗有人潮，可是一到週日晚上，人都通通消失了！雖然說星期一要上班，但是，平常的日子也沒見到這些店有休息打烊的感覺啊！為什麼獨有週日不開店呢？真是令人好奇。

位置：JR 鳥取站北口，出站直走，步行可到
夜間開店：17:00 ～ 24:00
公休日：大多週日休息

鳥取民藝美術館

從 JR 鳥取站走路大約 5 分鐘就可以到達的「鳥取民藝美術館」，除了展示鳥取與日本各地的民間藝術品之外，也有不少國外的工藝品，是一個能打發無聊雨天之旅的好地方。當然，也因為有著相當明顯、日本古老倉庫造型的建築，很容易吸引人走進去。旁邊也富有食堂，晚上可以走路到榮町小巷內的商店街，喝個啤酒，吃點串燒，面對陰雨惱人的雨天吧！民藝美術館旁有個小小的童子寺廟，因為是供奉未成長就過世的孩子的小寺廟，雖然總是打開大門可自由進出，但還是建議不要隨便走進去喔！

入館費：500 日圓
入館時間：10:00 ～ 17:00
公休日：每週三、年末年初

充滿童趣的「はらべ館」玩具博物館

這是一個讓大人小孩都能參觀的盡興的地方，絕對不只是簡單的兒童館！總共分成三樓的はらべ館，一樓是音樂教室館，因為播放日本童謠，身為聽不懂的外國觀光客，或許可以直接跳過一樓，但二樓可就重要了。日本是個發明王國，最簡單的發明物就是機關玩具。這裡有許多種機動式玩具，只要簡單的操作，例如用手來搖動機關，人偶就會自動舞蹈起來。不過這裡也不乏有點可怕的玩具，像是捧著頭的小熊，搖著搖著，頭就被抬起來了，很難想像以前的人為何做這麼血腥的玩具，不過搖著搖著挺好玩療癒的。與可以自己動手玩玩具的二樓不同，三樓則是以展覽品為主，這裡展示了很多昭和時代的玩具，有些玩具也曾經出現在台灣，走一趟，頗有濃厚的復古意味。

循環巴士路線：綠線，「はらべ館前」站
入館費：500 日圓，外國人優惠半價（出示護照）
入館時間：9:00 ～ 17:00
公休日：每週三、年末年初，但整個八月無休
網站：http://www.warabe.or.jp/

接待過大正天皇
的仁風閣、鳥取城城跡

鳥取縣是日本唯一沒有縣屬大城、天守閣存在的縣,唯一的天守閣,則是二十年前才重建的河原城。至於鳥取城跡,目前已成為久松公園,在公園的最高處還遺留著二之丸的遺跡,因為這裡的城跡已經沒有參觀的功能了,所以也沒有任何交通工具可前往二之丸,只能徒步上山。若完全發懶不想登山,不妨進入公園內的「仁風閣」欣賞一下明治時代,原鳥取城主的後代用來迎接當時的皇太子,也就是後來的大正天皇,所建立的西洋風館邸。

位於久松公園內的仁風閣,坐擁公園內的春夏秋冬,除了前院有白砂走道外,後院還有一個美麗可供休憩的芝生園。由於仁風閣內並沒有提供餐廳等飲食區,所以來到這裡,可以自備簡單的食物在後院乘涼食用(館內禁止飲食)。

一旁的久松公園，參觀的最美季節是春季與秋季，說的當然就是賞櫻與賞楓這兩個季節。山陰地區冬天較常、也較冷，仁風閣的圖片幾乎都是白雪掩蓋的景象，雖然並不推薦冬天前往山陰旅行，但是冬天的鳥取真的別有一番風味（可就是超冷）。仁風閣的位置並不明顯，除了當地人之外，一般遊客很少往久松公園方向經過，平常日前來，相當輕鬆。另外，館內的展示品大多了保留當時迎接皇太子的原樣，偶爾會有特別展展出。也因為已經是日本「重要文化財」了，所以希望參觀者保持安靜，請勿破壞館內設施。

循環巴士路線：綠線，「仁風閣、縣立博物館」站
入館費：150 日圓
入館時間：9:00 ～ 17:00
公休日：每週一、年末年初
網站：http://www.tbz.or.jp/jinpuukaku/（仁風閣）

幽靜的「觀音院庭園」

前來觀音院庭園，先會經過鳥取古屋街道，然後往右手邊方向前進，會經過幾個不同的神社與寺廟區，再往左邊的坡道方向前進。每到春天，這個坡道沿途會開滿櫻花，前方就是幽靜的觀音院。一般來說，屬於國定古蹟的寺廟都會收取入寺費，觀音院其實也會。只是，觀音院會請入寺的人到有美麗日式庭院的廊道上，再送上一杯熱抹茶與和菓子，不限時間，也不會打擾的任遊客在此觀

賞。此外，這裡也曾經招待過皇太子（大正天皇）。前往觀音院之前，只不過是小雨紛飛，但不久後大雨落下，前面的遊客剛走，整個觀音院只剩我一人啜飲抹茶。在欣賞觀音院的日式造景，等待雨停的期間，來了一場心靈洗滌。

循環巴士路線：紅線，「上町」站
入寺費：550 日圓（其實是抹茶與和菓子費用）
開寺時間：9:00 ～ 17:00
公休日：無休

砂丘玩一天，在砂丘騎車 &騎駱駝、逛砂之美術館

　　鳥取砂丘實在太有名！有名到提到鳥取只想到砂丘，不知是喜還是悲。這裡位於日本海山陰海岸，地形呈現缽形，使得風挾帶、吹入的細砂，得以逐漸累積成丘形。千年後，日本唯一個「沙漠」出現在於這個海岸上，長度大約有 16 公里，寬度則達到 2.4 公里的「鳥取砂丘」，是日本海沿岸相當少見的細沙海岸。但畢竟海岸依舊是海岸，旁邊是海、有水，怎麼會沒有水汽？日本仍然是日本，既然在日本，怎會不下雨不下雪？所以近來砂丘草原化的速度越來越來快，尤其是每次下雨，砂丘下方就會積水成為小湖，或是在下雪融冰後，出現美如鏡子一般的湧水區，然後也因為外來品種植物，快速擴大草原面積。

　　這樣一來，砂丘就難以維持沙漠化，所以每天都會見到鳥取砂丘的工作人員們，定期的招攬現場志工，做「一起除去外來品種植物」的活動。雖然說這是鳥取

4 月砂丘融雪後的湧水區

砂丘的活動之一，但也藉此讓前往砂丘玩樂的人們，了解砂丘獨特的花草，以及外來品種的可怕。當然，也能減少工作人員每日的工作。也許，你會想問説：「那就用除草機啊！」為何要人工除草？因為砂丘的湧水區是平衡砂丘並且避免林地逐漸擴大的地方，同時也是許多砂丘特有植物生長之處，所以湧水區非常重要。而且意外的，人工除草工作也挺好玩的，還有紀念品可以帶回家呢！

砂丘活動百百種，雖然都要花錢，但如果不想走馬看花、毫無旅行回憶，建議試試接下來介紹的活動。

專門前往砂丘的麒麟獅子號專車

前往鳥取砂丘的方式	最便宜、好自由		最便利、好安排	
	麒麟獅子號巴士一日券（票券）		觀光計程車砂丘路線 3 小時	
	優點	想在砂丘待多久就待多久，想在砂之美術館讚嘆多久就讚嘆多久。	優點	完全不用擔心車次問題，搭觀光計程車進入砂之美術館還有打折。
	缺點	班次約 1 小時一班，回程的時間要注意啊！	缺點	因為只有 3 小時，所以優先去別的地點，最後再到砂丘，回程可搭巴士。

縱走砂丘注意事項

砂丘特有的小花

1. 請不要穿高跟鞋！
2. 穿人字拖是 OK 的，運動鞋也可以。
3. 看起來很近，其實很遠的砂丘高峰，請衡量自己的腳力。
4. 如果沒有想要衝百米上砂丘，請盡量走較和緩的坡道，雖然比較遠。
5. 砂丘頂上人最少的地方是最邊角之處，如果不喜歡人擠人可以往邊角走。
6. 砂丘的沙也是鳥取縣的官方物，請勿隨手就裝罐帶回家唷。
7. 想玩砂雕，請前往沙灘區，或是「砂之美術館」去。
8. 需預約的砂丘活動，基本上都會幫遊客保險，所以預約時請務必填寫真實姓名（英文；日文片假名出國前先查詢好）。

砂丘單車

私心最推的就是砂丘單車！第一，它走的是單車道，可以避開人潮；再來是可以騎到海邊沙灘，享受一下單車在海邊前進的感覺。從砂丘單車道俯衝沙灘區的感覺很讚，由於砂丘單車的輪胎是一般單車的兩倍寬，穩定性較高。所以，即使平常你單車騎得不怎麼好，或是很少在騎單車，也不用擔心。因為真的還蠻穩的，重點是，在砂丘騎單車，很帥氣！

費用：5,000 日圓；每次活動人數：6 名／限 13 歲以上參加
活動開放期間：9:30 ～ 18:00；公休日：不定休，預約時便可知道公休日；網站：http://www.trailon.jp/
＊請注意：砂丘單車路線目前正在工事維修中，開放時間請上網確認

砂丘單車注意事項

1‧服裝：以方便運動、不怕髒的衣物為主，請記得攜帶替換的衣服，並請務必穿著可以保護腳的鞋子，例如運動鞋。

2‧需攜帶物品：會跟著報到時一起出借，無須再加費用，可背一個小後背包，放水跟相機等。

3‧預約日天氣：晴天一定開團，小雨天也會開團，但若雨勢到達一定的大小，將會取消活動，以電話通知，建議留資料時留下飯店電話。

線上預約，步驟如下

＊進入報名網址：https://www.asoview.com/base/150420/leisure/act0031/

1‧ 請點選網頁中紅色的方塊「このプラ
ンを予約する」。

2‧ 右邊網頁會跑出預約選單。

體　驗　日	想要體驗砂丘單車的日期
開　始　時　間	預約時段，共有 5 個時段可選擇，可從此處看到還有多少名額
預　約　數	預約人數

＊以上選單完成後會出現總金額，確認
無誤請點選「予約する」

3‧ 會顯示預約情報，會有日期、時間、
人數。

集合地：砂丘會館前

付款方式：可在當地付現金

然後，會需要簡單登入一下，所以請
選 4 這個選項

4‧ 可以使用 facebook 或 Twitter 帳號登
入。

5 · 選擇好登入的方式，請記得在利用規
定的地方打勾。

6 · 請注意，因為要保險，所以接下來的
頁面，姓名英文處務必填寫正確名字
的英文，電話、地址等，請填寫飯店
的資料即可。檢查正確無誤後，請點
選「予約内容を確認する」。

7 · 如果沒有任何問題，請點選最下面紅
色的「予約する」。如果發現有要更
動，請點選「変更する」。

小知識 早晨的砂丘

早上晨光初現，還沒有觀光客身影的鳥取砂丘，是許多專業攝影師或是專門拍攝砂
丘宣傳照的攝影師們會出現之時。這時候拍到的砂丘，當然除了太陽初升之外，還
包括了每天都會形成，尚未被旅客破壞的砂紋。

與海岸線平行之處，經過一整晚吹拂而成的砂紋，只有在專業人士與砂丘愛好者眼
中，才是鳥取砂丘的珍寶。就跟撒哈拉沙漠一樣，即使這裡是日本，還是會有跟真
的沙漠一樣的砂紋呢！

騎駱駝

鳥取砂丘另一個知名的活動，就是騎乘駱駝。在砂丘的駱駝屋裡，大約有五匹駱駝在努力的賺錢中。因為體重限制，所以一匹駱駝最多可以一位大人一位小孩，兩人共乘。親子共乘，一方面可以減低小朋友對於騎乘駱駝的恐懼感，二方面也可以拉近親子關係。騎乘駱駝有個圍起來的專屬區，以繞圈圈的方式騎乘（要注意），會有工作人員幫忙拉著駱駝前進，可惜的是無法往前直走到砂丘內部。

特別要留意的是，這裡的駱駝都有肖像權保護，是禁止隨意拍攝的。若要拍攝駱駝，也必須要付費，拍駱駝要100日圓，跟駱駝拍照100日圓，如果要錄影則要600日圓，駱駝團隊真是無所不賺呢！騎駱駝還有一個不成文規則，因為畢竟是駱駝，也是會疲勞的！在節慶日，或是駱駝呈現好累狀的時候，只限小朋友騎乘，大人是不能騎駱駝的喔！

費用：1人騎乘 1,500 日圓、2人親子共乘 2,600 日圓／大人不能共乘
其他費用：拍照 100 日圓，錄影 600 日圓
每次活動人數：沒有限制
活動開放期間：3 月至 11 月 9:30 ～ 16:00；12 月至 2 月底 10:00 ～ 16:00
網站：http://rakudaya.info/

騎駱駝注意事項

1‧ 不須預約，可直接到砂丘排隊。

2‧ 服裝：沒有，但以不弄傷駱駝為主，例如請勿穿著有卯釘的鞋子。

3‧ 需攜帶物品：不用。

4‧ 請注意：如果沒有付費拍照，請勿拍攝駱駝。

5‧ 無法預測的休息期間：駱駝太累、天氣不佳都有可能不提供服務。

砂丘滑板

　　砂丘面海的那一面，傾斜度大，近年來成為砂丘滑板的熱門地區。滑板的快速移動，加上面海的方向，會有一種「我要衝向大海了！」的刺激感。不過，當然不會衝下海囉！因為砂丘的海灘區域還是很寬廣的，要衝下海絕對不是這麼簡單。要注意的是，大部分觀光客都是第一次嘗試砂丘滑板，加上這裡是鳥取的官方用地，所以千萬不要帶著自己的滑板，或拿著滑板就滑起來了，因為除了有安全疑慮之外，更破壞了砂丘的規則。想要嘗試砂丘滑板，務必預約報名，由於這個活動還是有一定的危險度，預約報名後，活動單位會幫你保險，以保障你的權益。

費用：4,500 日圓；每次活動人數：50 名
活動開放期間：3 月至 9 月 9:30 ～ 18:00；10 月至 12 月底 9:30 ～ 17:00
活動休息期間：每年 1 至 2 月（下雪因素）

滑板注意事項

1. 服裝：以方便運動、不怕髒的衣物為主，請記得攜帶替換的衣服。
2. 需攜帶物品：會跟著報到時一起出借，無須再加費用，可穿襪，熱天可帶水，除此之外其他物品請勿攜帶。
3. 預約日天氣：晴天一定會開團，小雨天也會開團，但若雨勢到達一定的大小，將會取消活動，以電話通知，建議留資料時留下飯店電話。

線上預約，步驟如下：

1. 進入報名網址：https://sandboard.jp/
2. 再填網站裡，如下方的表格資料：

聯絡人英文姓名	
E-mail	此處請填寫
連絡電話（可填寫飯店電話）	1. 參加活動日 2. 參加時間區段
住處地址（可填寫飯店住址，後面加上 Taiwan 即可）	3. 參加人數
件名（直接填寫「サンドボード予約」即可）	

＊參加活動的日期、時間區段，可點選網頁上「予約・空き狀況はこちら」。

砂丘飛行傘

　　砂丘飛行傘是比較高階的活動，但是也有不少外國遊客前往玩耍。由於砂丘的障礙物很少，非常適合玩飛行傘，只要風向對，就可以順著砂丘斜面滑翔，加上高度並不高，即使是小朋友也可以安全的飛行。

　　很多人對於飛行傘活動都有點怕怕的，首先是初學者的擔憂，再來是在高空的不安全感，畢竟只有自己在操控飛行傘，加上還有語言的障礙，以及「自己不擅長運動」，所以就更不敢玩了。其實只要確保你的英文是 OK 的，教練的解說可以了解，風向怎麼飛，拉哪一邊的繩子，就算語言上有問題，飛行傘的控制用動作來教授一樣易懂（絕對比滑雪簡單）。只是，砂丘飛行傘的體驗價格不低，每次體驗的時間都會花上半天，適合非常有心想在砂丘玩個痛快的朋友。

飛行傘注意事項

1. 服裝：長袖為佳，以避免因為繩子拉動造成的磨傷，也可防曬；也建議戴有綁繩的防曬帽。服裝皆以方便運動、不怕髒為主，也需要帶毛巾。請記得攜帶替換的衣服。
2. 需攜帶物品：軍用手套（厚款，拉繩才不會磨到手）、水壺。
3. 想要自行拍照的人比較建議用手機拍照，因為手機方便掛在脖子上，也可以用手機套保護好鏡頭。
4. 請注意：飛行傘非常倚賴風勢，所以如果遇到強風（算你運氣好），可以飛得很遠很高，遇到弱風時可能無法如預期般飛高，但也能多飛幾次。

費用：依各平台售價而定，建議加購安全管理費用和保險費用
活動人數：須事先預約，額滿為止
活動時間：約 2～3 小時
活動休息期間：每年 1 月至 2 月（下雪因素）
集合地點：砂丘會館左邊的「らくだや」
＊可於 klook 等旅遊網站洽詢、購買行程

17 度角的「高濱咖啡館」
Takahama Cafe

就在疫情全球蔓延，旅遊停滯的當下，鳥取砂丘出現了絕對值得一去的景點，那就是由日本知名建築師「隈研吾」所打造的「高濱咖啡館」（タカハマカフェ）。利用鳥取縣的木材，以善用的直交式建築方式，建築擁有17度角，可一邊喝著咖啡，一邊欣賞砂丘，甚至越過砂丘的另一邊，遙望海岸線。

景致絕佳的「高濱咖啡館」，唯一比得上的，應該又是隈研吾另一作品，「京都湯道展亭」了。

鳥取砂丘一直有個特色，那當然是「晴天永遠比雨天好，除了冬天全都好」。前往「高濱咖啡館」也請秉持一樣的原則，才能將最美的鳥取風光收進記憶中。

位置：鳥取砂丘會館旁，徒步即可到達
ＩＧ：@takahamacafe

砂丘觀光纜車

晴天、雨天，可以一望無遺，將整個鳥取砂丘連海平面都覽盡的「砂丘中心‧展望台」，也是享用餐點的地方。不過，更接近砂丘的「砂丘會館」會有更多餐點可以選擇，若真的要吃午餐，建議在砂丘會館或是旁邊的海鮮店用餐。這樣説來，其實這個砂丘中心和砂丘會館賣的東西幾乎相同。是的，沒錯！只是不知情的旅客若在這裡先買了伴手禮，再到砂丘區活動就會很麻煩，所以和食物有關的，建議還是在砂丘會館進行即可。

展望台附近有砂丘特有的花田，以及可以自由採梨子的農園，從這個方向前往砂丘也是比較近的。當然，在展望台這裡下車的原因，除了可以飽覽整個砂丘風光之外，從這裡搭纜車大約5分鐘就可直達山腳下的砂丘，連過個馬路都不需要（步行的話就要過馬路）。請記得先在砂丘中心前的售票處先把票買好，就可以去搭纜車囉！

票價：單程 300 日圓，來回 400 日圓，可從上往下搭，或從下往上搭
運行時間：9:00 ～ 17:00
個人意見：可以買單程的纜車票，從下往上搭，在展望台上眺望砂丘夕陽，難以形容的美景。
網站：http://www.tottorisakyu.com/

鳥取縣立「砂之美術館」

　　世界知名的鳥取砂之美術館，每一期（大約八個月展期）都有一個新主題，而這些主題都圍繞著「世界」，是一個很弘觀的美術館。像是 2016 年的南美篇，就以傳説中的黃金鄉，以及天空之城馬丘比丘等十九項作品做為展示。2017 年則以美國拓荒史為主題，為了忠實呈現有四位美國總統大頭像的拉什莫爾山，還把水流也加進砂雕藝術中，克服了砂與水同時存在的難度。

　　這裡每一期的展覽都相當值得一遊，入口處的活動型展覽，有時是以時事為主，有時也配合廠商做出與宣傳海報一樣的砂雕，例如 2015 年的星際大戰與 2018 年的陰屍路第八季。入口處的活動展可免費參觀，同時也因為展出較小，所以大約一個展期會更換兩至三次。除了主題砂雕欣賞外，也可以到廣場處自己動手做砂雕，一樣都有工作人員在旁協助，自己動手做砂雕，其實是很有意思的嘗試。

將水融合進入砂雕的挑戰之作

入館費：800 日圓，外國人有優惠（出示護照）
開館時間：平日和周日 9:00 ～ 17:00，週六 9:00 ～ 18:00
休館期間：砂雕主題製作的時間，約每年 1 月至 4 月，以網站公告為主
注意：有開放拍照及攝影，但請勿使用三腳架
網站：http://www.sand-museum.jp/

請注意館內禁止事項

1・ 館內禁止吸煙。

2・ 館內禁止飲食。

3・ 寵物禁止入場（導盲犬除外）。

4・ 出場後無法用同一張票再入場。

5・ 絕對不可以觸碰砂雕展物。

6・ 展示區的砂地絕對禁止進入。

7・ 此處沒有行李寄放區（也沒有置物櫃）。

山陰海岸美不勝收，
白兔海岸、浦富海岸、鳴石海岸

山陰海岸線，是日本海沿線中相當美麗的一條海岸線。優點是整個海岸線各有特色，也都很美，海灘的變化度很高！接下來介紹的三個海岸都有不同的海岸線美景，但缺點就是交通不是那麼方便。因為 JR 系統的山陰鐵道並不是都有經過，唯有鳴石海岸，是可以下車後步行約 15 分鐘到達，而且就算到了傍晚或夜間，都還是有列車可以搭乘的便利之處。所以建議要前往白兔海岸、浦富海岸這兩區走走的朋友們，要安排觀光計程車前往。雖然比較花錢，但相對安心，有關鳥取觀光計程車，請參考前面第 119 頁資訊。

白兔海岸

丟滿小石頭的白兔神社鳥居

白兔海岸與白兔神社

鳥取市其實就是古時候的「因幡國」，也有「因幡白兔」的暱稱，所以「白兔」就是這裡的代表物。至於在白兔海岸旁邊的白兔神社，則是有供奉「兔子神」跟「天照大神」的神社。

白兔神社

還沒有走進神社，就已經看到兔子排排站的景象了。這種感覺……其實在島根縣立美術館是不是就有似曾相的感覺呢！兔子啊兔子，在日本只要有兔子像的神社，就是要「跟你緣結」的神社。真的！不然白兔神社怎麼會有這麼多人祈求緣結，祈願愛情呢？

白兔神社裡賣的白色小石頭，一袋 20 顆，就是專門讓你設法投到神社鳥居上的。如果順利投在鳥居上（兩層鳥居屋頂的下層），就代表你祈求、想結的緣會實現喔！不過，這真的有點難的樣子，可以發現很多放棄的人索性將小石頭堆在鳥居前的小兔子旁……啊，我也是其中一個啊！

白兔海岸

白兔海岸屬於細砂沙灘，是有開放沙灘漫步的海岸。不過要前往這個海岸，必須從白兔神社旁的物產所，走過天橋後，再一直拚命往前邁進。海岸中間也有搭蓋一個小鳥居，這是白兔海岸的第一鳥居。是的，在白兔神社入口看到的大鳥居並不是白兔神社的第一鳥居喔！第一鳥居可是在海中間的小島上，雖然無法登島進入，但卻幫海岸添加了許多神話。相傳天照大神帶著白兔從海上回到白兔神社時，就是先從這個鳥居經過，是否有種神聖的感覺呢！

交通方式：
1‧從 JR 鳥取站搭乘往「鹿野營業所」方向的巴士，在「白兔神社前」下車，上車請取整理券。
2‧搭乘觀光計程車前往。

浦富海岸

浦富海岸

　　若把「鳥取砂丘」當作中心，相對
於前面南邊的白兔海岸，浦富海岸就只
不過是反方向，向北走轉個彎而已，但
整個海岸線竟全變了樣。那些海浪、藍
天還有慢跑者在細砂中行走的情節完全
消失，在浦富海岸看到的，則是大山連
峰綿延到海邊，有著大小不一石塊的特
殊地質景象。

　　在大山連峰當中，有許多小山還是
活火山，所以這裡的岩石並不是海中岩
石，而是「山」的岩石。因為地質完全
不同，所以浦富海岸也被稱為地質海岸，
畢竟這是在日本海岸線上少見的海岸火
山岩石，不但有其特殊性，還有很多大
大小小、不同形狀組合而成的岩石，在
海水經年累月的沖刷下，形成了特殊的
岩洞。

日本是個火山很多的國家，不管是死火山、休眠火山（如富士山）、活火山、噴發中的活火山（如櫻島），都會造成不同的火山岩石。最有名的大概都是火山噴發後造成的六角節理石，有的甚至可以形成節理洞穴。浦富海岸則不一樣，雖然説大山連峰的活火山仍在，但並沒有因為噴發而形成太多的節理洞穴，但各有特性的岩石，也造就了浦富海岸美麗的風景。

每到 4、5 月，天氣改變或突然變熱的狀況下，白天肉眼就能見到浦富海岸線上粉紅色的波浪。是的，這就是上升氣流在山陰海岸造成的影響，看到粉紅色的波浪，八九不離十，當天晚上則會在海岸出現美麗的「藍眼淚」。

由於浦富海岸相對較遠，雖然有可以搭巴士，但晚上的時間很難拿捏，不妨使用 3 小時觀光計程車，就算看不到藍眼淚，能發現粉紅色的海岸就已經很幸運了喔！

交通方式：
1・ 從 JR 鳥取站搭乘往「岩井」方向的巴士，上車請取整理券。
2・ 從 JR 鳥取站到砂丘東口，再換前往浦富海岸巴士，上車請取整理券。
3・ 搭乘觀光計程車前往。

PLUS
浦富海岸遊覽船

十分任性，當天才決定今天要不要開船的浦富遊覽船，並不一定是有好天氣就會開船，還要看當天風浪和漲退潮。基本上，退潮時間並不會開船；即使天氣很好但是風浪很大也不會開船。原則就是，都要到了現場才能知道會不會開船。若有機會能搭上遊覽船，便可鑽進石洞中，看見清澈的海水下方的大山岩石。當然，也能選擇搭乘釣魚船。如果運氣好遇到開船日，你真的是太幸運了！

■費用：1,500 日圓，外國人有優惠（出示護照）
■開船時間：9:30 ～ 15:30，大約一小時一班船
■停開月份：每年 12 月至 2 月；3 月復駛
■網站：http://www.yourun1000.com/

鳴石海岸

　　你聽過整個海灘上的鵝卵石被海浪翻滾過來又翻滾過去的聲音嗎？每天潮來潮去，在這個完全沒有沙子的鵝卵石海岸中，呆呆的坐在海邊聽著大自然給予的交響樂，也頗為舒服。是的，鳴石海岸（鳴り石の浜）的海浪聲可是有收錄成為 CD 來販售喔！在天氣不太熱的狀態下（若晴天小石頭很熱啊），請把耳朵貼近石頭，會聽見很美妙的海浪聲，非常有療癒感。

　　從 JR 赤崎站走到鳴石海岸其實有一小段距離，大概是 1.5 公里吧！可以選擇從走大馬路，或是走進小巷，會先經過衝浪區，然後才到鳴石海岸。

彎下你的身子，會聽到更美好的聲音

下午大約 3 至 4 點左右漲潮時刻，許多衝浪客會奔向鳴石海岸衝浪區，由於這裡並非沙灘海岸，所以退回海中再沖往海灘的波浪頗大，這也是此處深受衝浪客喜歡的原因。也因為鳴石海岸有許多大大小小的鵝卵石，所以你可以拿來任意堆成喜愛的形狀，反正一夜過後，這些被堆起來的石頭又會散落在海岸上了。如果你是個喜歡許願的人，在海岸的角落有間小木屋，可以撿一顆你喜歡的石頭，寫下心願放在木屋中等待實現喔！

在鳴石海岸，如果只有花一天其實有點浪費。想來這裡，不妨先前往倉吉或是由良走走，然後再搭車往鳴石海岸。建議日落前前往，看完夕陽後再漫步回程，就不浪費這一天的時間。

建議走法與事項：

1 先前往倉吉（JR 倉吉站），接近 4 點多後再到鳴石海岸欣賞夕陽。

2 先前往由良（JR 由良站），走進柯南之家，同樣也是接近 4 點多再搭車前往鳴石海岸。

3 請注意！鳴石海岸附近沒什麼商店或吃的，只有位在馬路交叉口的 Lawson 便利商店。如果想覓食，在這裡只能屈就便利商店了。

交通方式
JR 赤崎站往海邊方向走約 15 分鐘，1.5 公里。

小知識 鳴石海岸小石頭許願法

1・ 請先在海邊選好一個你喜歡的石頭，建議挑表面平滑，尺寸是剛好可以握在手上的石頭，不會太重，也比較好書寫。

2・ 拿好你的石頭走到角落的小屋處，用裡面備好的黑色簽字筆寫上你的心願。

3・ 寫心願，用中文也可以，不一定要寫日文。

4・ 寫完後把小石頭放進小屋內，記得要把簽字筆的蓋子蓋好，方便下一個人使用。

5・ 離開前請關上小木屋的小門。

鬼太郎故鄉，米子與境港

除了砂丘外，鳥取最有名的應該還是鬼太郎（ゲゲゲの鬼太郎）的故鄉「境港」吧！還記得第一次前往山陰旅行，目的地雖是島根，但卻在列車停在 JR 米子站時，見到鬼太郎列車就衝下車了，一點猶豫也沒有！鬼太郎究竟有多大吸引力？得等到進入境港鬼太郎小鎮之後才能體會。因為，整個境港就是鬼太郎的領地啊！

若你經常在日本旅行，會發現漫畫家的故鄉都會吸引不少遊客，像是多啦A夢的川崎、高岡，或是冰見的忍者哈特利，以及高知的麵包超人，但是這幾個地方可是怎麼比都比不上境港的鬼太

郎！你會想說：「境港只不過就是鳥取一個海灣、漁港而已……」可是，它卻因為鬼太郎的故事吸引無數的各國觀光客前往。可見，水木茂老師所創造的妖怪世界，是多麼令人讚嘆、嚮往！

認為人類的身邊有各種妖怪，而且還無所不在的水木茂老師，與故鄉境港合作，打造出一個夢想中的妖怪世界，連「鬼太郎列車」都還沒到達，就可以在 JR 米子站遇見鬼太郎的身影。在轉搭JR 境線，前往境港的路上，每一個小車站，也都有鬼太郎的月台佈置；就像一種催眠式的旅程，列車都是鬼太郎系列，播報者也是鬼太郎，經過的車站也是鬼

太郎月台，到達了境港還是看到一堆妖怪。這個鬼太郎、妖怪世界，一年招攬了幾十萬觀光客前往境港，無疑是相當成功的觀光案例！是的，當你踏上 JR 米子站轉往境港時，就已經進入妖怪的世界了，你確定剛剛倚靠的那面牆不是牆壁怪嗎？

　境港市內有一百多種不同的妖怪，走在路上偶爾還會碰到鼠男、鬼太郎。為了不破壞朋友們前往鬼太郎小鎮的驚奇感，在此就不詳細介紹每一個情境了，但是某些很重要的點還是需要先了解一下，不然走在路上，你可能會想著「為什麼他有我沒有？」所以接下來幾個必須先去踩點的地方，也請先記下來。另外，有些建築物可能與妖怪無關，但相

當融入鬼太郎小鎮，像是這裡的銀行，外觀就是一個鬼太郎的小木屋了，不領錢也歡迎來拍個照。

小知識　境港的「鬼太郎列車」

往返於境港和米子之間，想搭乘，可在 JR 米子站換車，轉搭 JR 境線前往境港，就可遇見「鬼太郎列車」。彩繪的「鬼太郎列車」不是特快車，全部都是站站停的普通列車。要注意的是發車時間，時刻表可於「境港觀光 Guide」網站上的交通情報選項查詢。

境港鬼太郎觀光案內所

　　為了避免走在路上，看到別的遊客拿著集章本到處蓋印，而你卻苦於找不到哪裡可以買到鬼太郎集章本，所以先提醒剛下 JR 列車的你，請別急著往小鎮裡跑，得先沿著月台出口進入服務中心，這時你會在看到左方有個鬼太郎觀光案內所，在那裡可以用 120 日圓買到一本鬼太郎集章本。是的，拿著這個集章本就可以出發去集章囉！

　　集章本上有提示在哪幾間店前面會有蓋印處，例如郵局、物產店等，這些集章處都會在奇怪的地方出現，而且要走完整個小鎮才能集完所有的章。請記得蓋完章要將印泥的蓋子蓋上，以方便下一個人使用。集完章後可再回到情報中心換「完走證」。是的，就只是一張完走證，可是集章的過程卻有無比的樂趣呢！

方向：正對著鬼太郎之路

境港觀光 Guide

鬼太郎郵局

　　「鬼太郎郵局有賣鬼太郎明信片嗎？」沒有！「鬼太郎郵局有賣鬼太郎郵票嗎？」也沒有！「那究竟為什麼一定要來鬼太郎郵局？」因為整個境港只有這間郵局，同時也只有這個郵局販售郵票。如果想先買幾張有紀念性的明信片，然後到水木茂紀念館用紀念章之後，投進紀念館的郵筒裡，就得先在這個郵局裡買好郵票喔！至於投進紀念館郵筒可以得到什麼呢？那就是專屬紀念館的紀念戳章。買到郵票很重要，而且郵局門口也有一個集章處！

方向：前往水木茂紀念館左手邊
明信片郵資：70 日圓郵票（寄回台灣）

鬼太郎御守

　　往水木茂紀念館的方向往左手邊街道看，離妖怪神社很近的一間超級鬼太郎的店面，這裡賣的東西相當不一樣！原來這裡主要是銷售妖怪神社的御守、繪馬，以及許多手作的商品，如果一開始忘了在觀光案內所買集章本，在這間店還來得及購買。

　　距離第一次到境港已是多年前的事情，許多當時非常喜歡的小店竟然都消失了，換成販售伴手禮的連鎖店，這點頗令人感傷。幸好還有這些看起來很雜亂，但其實非常有妖怪村感的店面，將鬼太郎小鎮點綴的頗為妖怪，不然就跟一般城市沒有兩樣了。

方向：前往水木茂紀念館左手邊

水木茂紀念館

　　鬼太郎小鎮街道的終點，就是水木茂紀念館。水木茂老師傳奇的一生，異想天開的思緒，奶奶告訴他的妖怪故事，紀念館中都一一呈現。當老師還在世時，他幾乎每年都會前往紀念館。

　　水木茂紀念館裡的工作人員都是境港在地人，相當親切！發現你是外國人，就會主動詢問需不需要翻譯機。在紀念館中，有些部分是可以拍照的，但也有許多禁止拍照之處。近來，館內也陸續更新了不少展示品，像是增加了妖怪 3D 拍照區等，老師幻想出來的妖怪藏在仔細尋找的地方，即將離開前的模擬老師家的庭院處，也都能找到藏匿的妖怪。水木茂紀念館需要你細心瀏覽，這裡並沒有時間限制，但若有買明信片要寄送，建議在這裡蓋好紀念館的大章後，投進紀念館的信箱中，待收到時，明信片會再加蓋特別的妖怪戳章喔！

入館費：700 日圓，外國人出示護照有優惠
營業時間：9:30 ～ 17:00
公休日：全年無休
網站：http://mizuki.sakaiminato.net/

小知識　令人驚奇的祕密！

鼠男結婚了！還去溫泉蜜月旅
行，但是⋯⋯結婚的對象其實
是詐欺結婚者。

結婚歷：有り。

妖子と名乗った石妖と結婚式を挙げて、骨川（がしゃど
くろ）温泉に新婚旅行に行くが、祝儀をふくめて全財産
を奪われる。だますことが得意なねずみ男が石妖の結
婚詐欺にかかったのだ。（「石妖」）

妖怪神社

　「拜這個神社只是為了好玩！」這應該是我的結論。如果實際走一趟，會發現這個小小的妖怪神社就只是因為將鬼太郎融入人類世界裡的小建築物而已。不過，就是因為它頗為可愛，便讓人忍不住進去逛一下。手洗的地方是鬼太郎的爸爸（是的，就是眼珠子），鳥居是一反木棉，門口題字的石碑還有水木茂老師的簽名。既然叫做妖怪神社，供奉的究竟是哪一個妖怪呢？雖然沒有實質的效應，但也是間頗為可愛的妖怪神社。

方向：前往水木茂紀念館左手邊

妖怪們的足湯

　走了整個鬼太郎小鎮一定累了吧！在等待電車的時候，不妨泡個足湯吧！不過這個妖怪們專用的足湯，不知為什麼觀光客很少，反而是當地的老人家很多，難道他們沒發現，這是妖怪們用的足湯嗎？也許正因為老人家使用得多，所以一般遊客都不太敢脫了鞋進去泡吧。其實別擔心，眾老之中有年輕人，會顯得你更年輕。

費用：免費，別忘記帶擦腳的毛巾
開放時間：6:00 ～ 19:00
方向：背對鬼太郎觀光案內所左手邊

走遠一點，漁港的驚奇

想要多探訪一點境港小鎮，遠離一下充滿觀光客的鬼太郎之路，那麼不妨再回程的時候右轉進入小巷內，會發現原來真正境港人所敬奉的「大港神社」是在港灣的這頭！彎角處的咖啡館，雖沒有鬼太郎的氣息，卻有蔚藍海岸的風光。

走向鬼太郎妖怪倉庫後頭的港口，可以離開境港，前往美保關，到達島根的七類港，這裡就是另外以漁船為主的風景了。畢竟此處遠離鬼太郎之路，有種寧靜的風貌、回歸港口飄來的海水味。逛街很累？一直看名產店也很累？那麼轉個彎進來港口喝杯只有貝殼裝飾，沒有妖怪出沒的咖啡吧！

方向：前往觀光案內所的右手邊。

真相永遠只有一個！由良站的柯南

「由良」，這個搭乘 JR 山陰本線很容易呼嘯而過的車站，甚至可以讓你完全忘記站名的車站，終於在《名偵探柯南》柯南之家（又簡稱米花商店街）完工，而且米花市陸續建設之後，逐漸成為一個讓觀光客也會想要下車逛一逛的地方了！JR 由良站暱稱為柯南站，位於鳥取縣由良市北榮町，也是漫畫家「青山剛昌」的故鄉。終於，鳥取不再只有「鬼太郎」，真是可喜可賀！

雖然說柯南之家已經完成一段時間，但整個米花店商街仍然再繼續努力中。為了擴大 JR 由良站，並讓觀光客有更多可以去探索的地方，《名偵探柯南》裡出現的各種經典角色與場景都仍在建設中。不過，從 JR 由良站走到柯南之家這條道路，就足以讓人拍

照、踩點打卡了，同時也請記得要先在
JR 由良站出口的觀光案內所索取柯南之
家的地圖和集章本，以方便打卡拍照，
到處集章喔！

　　由良是青山剛昌老師的故鄉，再過
去一點則是有大風車的海邊。這裡原本
就有快速道路休息站，在休息站角落設
有鄉土物產館，也剛好就在柯南之家旁。
此外，由良盛產西瓜與花生，這兩項名
產也出現在地面上的排水孔蓋上，不妨
也特別留意一下。

前往柯南周邊景點的方法

　　從 JR 由良站出發的巴士，從早上約
9 點開始有第一班車，每一小時一班，也
會到達知名的柯南之家，但全長大約 2
公里左右的路程，走走拍拍其實也很快。
搭巴士則會少掉許多樂趣，建議不妨就
透過步行往來玩吧！

柯南大橋

　　為了建設柯南之家而把原本的大橋改成「柯南大橋」，以連結 JR 由良站與米花市商店街。光在柯南大橋，就可以拍到不少柯南像，以及青山剛昌老師另一部漫畫角色；目前已有數十個塑像，未來陸續增加中。雖然柯南之家的周邊目前看來稍嫌單調大橋，不過未來還會有更多與《名偵探柯南》相關的展出物或店面產生。最新已完成的是「小蘭等待新一」等身比例像。

從 JR 由良站步行時間：
完全不沿途玩耍的話，大約 10 分鐘

米花市區域商店街

　　米花市的區域很大，從 JR 由良站出來後，建議往左邊走，過了馬路後就會先見到米花市的商店街。由於柯南之家原本都是一大片的西瓜田與花生田，為了配合漫畫中出現的建築物，這些都是全新建築。包括了米花市麵包店、米花市美容院等。畢竟不是老街振興而來，所以就連建築物都一切如新，同時也還在招商等入住，甚至陸續還有新建築物正在搭建，看來要開始繁榮還需要一段時間。不過別灰心，因為大部分的柯南塑像都已經完成，跟著地圖尋覓，包括圖書館前、巴士等待站等，就看看你能找到多少個柯南角色。

從柯南大橋步行時間：越過大橋後大約 3 分鐘，左手邊即可看到

青山剛昌故鄉館

　　遠遠看到阿笠博士的黃色金龜車，是的，歡迎來到青山剛昌故鄉館，也是柯南之家的盡頭（或者說是起點），柯南創作者的故鄉館。入館的門票請保留好，入館後這張門票是有特殊用處的。

　　純白的一樓跟許多漫畫家的紀念館一樣，展示著原畫、塑像、介紹作者的影片、漫畫的經典內容，以及漫畫家那雜亂的桌子。蠻出乎意料之外的青山老師的房間還頗為整齊，所珍藏的漫畫種類也頗多，看來真的是位漫畫愛好者。

　　走上二樓，就是一個柯南的世界了，阿笠博士替柯南做的許多道具，都會一一真實呈現在面前，比如那個老是在重要關頭沒電的高速滑板，站上去後可以了解滑板的速度有多快，還有領結變聲器等。另外就是一些破解密室的小機關等著你也去破解，但比較令人驚豔的則是入場門票了。

　　是的！當你看到一個只有螢幕跟椅子的裝置時，請不要猶豫，就坐上去吧！拿出你的門票，放在綠色的小台子上，螢幕上就會出現名偵探柯南漫畫中的某個 3D 角色，而且每張票都不一定相同喔！此時你可以跟漫畫中的 3D 角色合照，頗有趣的，我拿到的是怪盜基德，那你呢？

入館費：700 日圓
營業時間：9:30 ～ 17:30
公休日：無
商店區中有滿 5000 日圓免稅
網站：http://www.gamf.jp

祈求愛的倉吉白壁土藏群

山陰之路果然不愧為緣結之道，幾乎每個地方都有非常著名的緣結神社，還有不少以緣結為主打的觀光地。位於鳥取縣與島根縣中間的倉吉也是如此，除了保留了非常完整的白壁土藏，還有緣結池、緣結神社，以及訴說愛與忠誠的里見八犬，很神奇吧！傳說中保護皇族公主的「里見八犬」竟然在這裡呢！

想去白壁土藏，到達 JR 倉吉站後，需要更換巴士後才能前往。在此之前，請先到 JR 倉吉站外的觀光案內所拿取巴士時刻表，以及倉吉白壁土藏群的路線圖（在位於白壁區的倉吉觀光案內所也有）。由於 JR 倉吉站與 JR 由良站很近，而 JR 赤崎站與 JR 倉吉站又相當近，所以若早上提早出門，可以試著將這三個地方串在一起玩，以節省時間。

若是有喜歡泡溫泉的人，JR 倉吉站附近也有不錯的溫泉可泡。一趟倉吉之旅可以安排出很完整的一天，但是要特別注意用餐這件事，並非每處都可以找到心目中的食堂，先在便利店買好一些簡單的食物，也是一種不錯的方式。

從 JR 倉吉站前往白壁土藏區

先到 JR 倉吉站的觀光案內所拿巴士時刻表 → 到巴士等待區往「西倉吉」方向的巴士 → 搭車約 12 至 15 分鐘 → 在「赤瓦白壁土藏」下車。

前往白壁土藏區巴士費用：230 日圓（單趟）

小知識　白壁土藏

白壁土藏是江戶時代的倉庫，專門拿來釀酒、當作工作場，或者作為「兩替屋」，即江戶時期借錢的地方（錢莊）。這種白色牆壁、紅色磚瓦屋頂的連棟建築物已不多見，特別的是，這裡大多是保留獨棟建築，所以這個很像迷宮、長得都一樣的白壁土藏，便成為倉吉的觀光勝地。山陰地區有很多類似建築，當然，建築物前的美，像是養著鯉魚的玉川，也是此處的特色之一。

倉吉白壁土藏群

　　穿過倉吉的小河「玉川」，在這裡與江戶時期的「赤瓦‧白壁土藏群」並列著。這裡是以前的倉庫、工作室和商店的長屋，跟古時候日本武士住家的入口處有點像的是：每一座倉庫前面都有座小石橋。小石橋跨越的是玉川，它其實是很淺的小河流，並不是疏洪道或是小水溝。玉川有當地居民的維護，水質清澈，一直到飄雪季節都會放養不少的鯉魚，在積雪時期居民會將鯉魚撈起來放在常溫區，等到3月開始融雪時才會放回。避開雪季經過小石橋時，優游水中的鯉魚，讓人心情愉快。

　　由於白壁土藏群原本就是拿來當作工廠或是商店的，所以現在歸為國家古蹟群後，內部便開始了文創事業，同時也保持了原本像是染布、編織的工作坊，以及咖啡館等，原本的釀酒廠也一樣維持著日本酒專賣店的感覺。由於這一區

每棟的建築物都長得一樣，也都有前後門，有些甚至連入口都長得一模一樣；從後門出去又是另一間店的入口。雖然已經分成了很多主題區，若有人一起同行，最好還是跟緊緊，以免走著走著就迷路、搞失蹤了。

推薦不錯的咖啡館
‧赤瓦五號館「久樂」

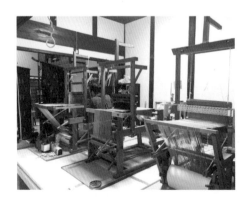

遠離白壁土藏區域

　　沿著玉川這一區的老建築物，主要是赤瓦白壁土藏群，走出這一區，就是一般的食堂、店舖和國寶級的老店了。「人形張子」的製作曾經在此馳名，所謂的張子，就是木製、圓柱狀身體的人形娃娃，塗上顏料、繪製成彩色後在江戶時期盛極一時，除了是當時小孩的玩具之外（類似芭比娃娃），也是一種護身符；據說可以保護小孩避免生病等等。在這一區可以找到製作張子的體驗教室，以及知名的小吃店，比如一口鯛魚燒也是這裡的特產。另外，再往前直走則可走到供奉里見八犬的寺廟，裡面大大小

小不同表情的狗雕飾，算一算真的有八隻狗啊！這裡也是唯一供奉里見八犬的寺廟。

推薦不錯的小店
・手作新鮮蔬果汁（くだものや），可在店外食用。
・一口鯛魚燒（白いたいやき／附免費飲料），可在店內食用。

打吹公園

朝著以緣結聞名的打吹公園方向走，會先遇見倉吉觀光案內所，這一個有著體貼舉動的案內所，除了可以拿地圖外，也可以拿免費的胸章。另外買一個緣結的小御守，則會附上一張紙，將你的心願或是希望結緣的對象寫在紙上，拿到打吹公園裡的羽衣池，讓池水融化這張紙，代表著心願被羽衣仙子帶上天等待實現。雖然在 JR 倉吉站的觀光案內所也能買到，但在這邊會講解得相當清楚，而且過個馬路就是打吹公園，羽衣池就在不遠處。這一帶有不少寺院神社，例如出雲大社的倉吉分社就在此處。

推薦不錯的小物
緣結御守（粉紅色）、願望御守（藍色）：400 日圓

小知識 鳥取溫泉國，湯梨濱町的溫泉區

位於鳥取的湯梨濱町（JR 松崎站附近）就在東鄉湖旁，這個區域是大山的活火山活動區，又剛好面對著日本海，加上臨近東鄉湖，所以著名的溫泉相當多。光在 JR 松崎站這一站下車，就能同時到達三個著名溫泉，如果搭的是站站停的慢車，就會發現常有上班族會在湯梨濱町附近的車站下車。啊！是為了泡一個晚上的足湯，紓解壓力啊！

■網址：http://www.yurihama.jp/

如神一般受景仰，伯耆大山

鳥取縣的東半邊，也就是古時的伯耆國（耆，音同其），守護伯耆國的伯耆大山主峰，是標高1700多公尺的彌山，也是許多登山、露營愛好者，喜愛挑戰的名山。若說東日本的代表山脈是富士山，那麼西日本就是伯耆大山了，每年一過盛大的6月1日開山日後，整個伯耆大山古道登山口，滿滿都是彩色的露營帳篷，再搭配數個大山連峰，想挑戰伯耆大山不是那麼輕而易舉的事。

自從鳥取縣被日本認定為「觀看銀河最美的縣」之後（也就是最沒有光害的地方），鳥取縣又有一個新的稱號為「星取縣」。伯耆大山周遭完全沒有光害，特別是在3、4月天空最乾淨的季節，晚上大約七點就可以看見清楚的星空及銀河，這裡也是非常有名，觀賞流星之處，所以建議選擇先前往「植田正治寫真紀念館」，然後再到大山附近觀光。夜晚在此住宿一夜，欣賞難得一見的銀河星光，也是不錯的選擇。

大山星空之旅
時間：每年7～8月，夏季專屬；集合地點：大山觀光案內所；集合時間：7:30 PM；費用：5000日圓
預約時間：每年3月起；報名網址：https://tourismdaisen.com/tour/star/

不過，大山方面的交通沒有想像中的方便，雖然鳥取縣積極的推動星取縣的觀光，卻還是沒有規劃出很好的交通路線。所以若不是自駕到此，為了要看夜晚的星空，那麼就一定得在這裡處住上一晚。由於此處的大眾交通資訊較為稀少，最完整的應該算是從 4 月才開始運行的環大山路線巴士（假日運行，冬季停駛），從 JR 岸本站到寫真美術館的巡迴巴士；或者是摸黑走上 40 分鐘的路程回到 JR 岸本站。如果同行的人多，白天可以從 JR 米子站搭乘定額單程 2,000 日圓的計程車到「植田正治寫真美術館」，然後前往大山遊玩，欣賞夜景。

利用 JR 山陰線從大山口站，或是 JR 伯備線往岡山方向的左手邊看，就可以看到傳說中像極了富士山的大山東面，美麗的白頭綠山的景象。這景象大約在降雪停止後的 3、4 月左右最美麗，到了 6 月開山，也只剩下殘雪，依然雪白的部分則會藏在大山連峰中。

伯耆大山夏季營地風情大概跟富士山不相上下，周邊的牧場在開山時都會熱鬧起來，最有名應該算是大山牧場活動區，以及森林營地冬季滑雪區。不管要如何進行你的行程與交通，若真的有意留在大山附近看銀河，就要有可能會住宿的打算，或者是包計程車回 JR 車站的預算。

植田正治寫真美術館

號稱可以將所有美景都盡收相機之中，並且能拍出最美的人像的植田正治，他的寫真美術館也在視野最美麗的大山之前。為了不在大山前炫耀美術館的美，整個美術館低調到不行，但內部卻充滿了自然的美，最美的不外乎就是從館內水池區看到大山以及水池中大山倒影。

入館費：1,000 日圓
營業時間：10:00 ～ 17:00
公休日：每週二
地址：鳥取縣西伯郡伯耆町須村 353-3
網址：http://www.houki-town.jp/ueda/

PLUS
鳥取溫泉情報

鳥取溫泉

位於鳥取市內,是鳥取縣內唯一散步就可以到達的溫泉區。這裡除了有幾家溫泉旅館外,也提供戶外足湯(記得帶毛巾),以及一日泡湯服務。位置很近,可以搭乘鳥取市內循環巴士「くる梨」,在縣廳前站下車即可。

鹿野溫泉

延續著白兔海岸進入山區的鹿野溫泉,在戰國時期是「尼子城」的城主最喜愛的泡湯之處。「尼子城」這個在織田信長時期即被消滅的大城,是許多大城愛好者中的夢幻之城;不管怎樣,尼子城已不復在,但尼子城下的鹿野溫泉,卻始終有著一層戰國時代的迷幻。

交通:JR 濱村站,再轉搭巴士往「鹿野線」,到立町站下車
網址:http://www.inabaspa.net/spa/shikano/

三朝溫泉（緣結蛙溫泉區）

雖然說在鳥取縣無數個溫泉區中，最大水質也是最特別的是「皆生溫泉」，但是最有名的卻是三朝溫泉，為什麼呢？當然是因為這裡不但是電影主題取材地，同時因為愛戀緣結的「緣結蛙」而聞名。總是要讓前來的戀人們摸上幾下的青蛙，也是三朝溫泉的幸運物，記得來此一定要去摸摸青蛙頭，然後再去有名的藥師足湯泡一下腳，很舒服唷！

交通：JR 倉吉站，再轉搭往三德山巴士到達三朝溫泉／ JR 湯梨濱町站，再轉搭前往三朝溫泉方向巴士
網站：http://misasaonsen.jp/

濱村溫泉

東鄉湖有無數的溫泉，這裡一區溫泉，那裡也一區溫泉，全因活火山與東鄉湖連接的緣故而成名，到達 JR 濱村站，一次可以選擇數個溫泉。來到濱村溫泉區，個人建議的不是日歸行程，反而是足湯行程，反正離車站很近，那就下車泡個足湯吧！

交通：JR 濱村站走路約 2 分鐘
網址：http://www.inabaspa.net/spa/hamamura/

城崎溫泉

位於鳥取北邊，雖然不算在鳥取縣內（兵庫縣），但是離鳥取非常近，如果手上有 JR 西日本鐵路周遊券（山陽＆山陰地區鐵路周遊券），不妨可以去一趟被列為日本「不可不去溫泉之一」的城崎溫泉。城崎溫泉區有個不算小的溫泉街，若以一天來回來說，可以先以外湯七湯為主（需購票），如果有在當地住宿，則會得到一張七湯的泡湯券，而且穿著浴衣就可以去外面泡湯囉！

交通：JR 城崎溫泉站，直接在鳥取站搭乘往兵庫縣方向的列車，約 2 小時
外湯七湯購票處：各溫泉旅館皆有售
價格：1,200 日圓一日券
網站：http://www.kinosaki-spa.gr.jp/

東鄉溫泉

東鄉溫泉是鳥取縣內離 JR 車站最近的一個，由於就在 JR 松崎站旁，也剛好在東鄉湖旁，如果只單純想泡個湯或足湯，這裡也是不錯的選擇。東鄉溫泉的泉水除了來自大山的活火山群外，主要則是取自東鄉湖，再中和了火山運動的熱水，使東鄉溫泉的泉水可到達 50 度左右（當然也有更高溫的）。因為走路就可以到達，算是相當方便的溫泉區了。

交通：JR 城崎站走路 5 分鐘。
網站：http://www.hawai-togo.jp/

鳥取的祭典，選擇適合你的觀光行程

一樣位於山陰海岸旁的鳥取，冬季十分寒冷，大部分的祭典都會集中在 3 月～10 月之間，過了 11 月特別是在逼近下雪的冬季，不只是祭典，許多活動或店面都會停止營業或提早打烊，鳥取提供給外國人的優惠也會暫停。除非你是熱愛滑雪的旅人，專門在冬季山陰地區（尤其是大山滑雪場）前去滑雪，否則冬季直到 3 月融雪前，實在不建議前往喔！

4 月 流雛祭（舊曆年的 3 月 3 日為準）

江戶時期醫學尚不發達、傳染病很多，許多小孩都容易死於天花、腦炎之類的傳染病。於是在春天開始時，便有人開始利用千代紙（摺紙鶴的色紙）折成一對代表男女樣貌的紙鶴，再用櫻花木將兩隻紙鶴串起來後，放在稻草梗做好的圓形盤子裡頭，讓穿著和服的孩童，沿著千代川水邊流放出去，以保佑新的一年孩童都能健康無事。

＊交通：JR 用瀬站

6 月 大山開山

　　山陰地區最重要的大山，剛好在島根與鳥取之間，所以 6 月份的大山開山祭，這兩個縣都會同時舉辦。每年 6 月的第一個週六、日則會在大神大山寺舉行開始祈願儀式，前一個晚上還會辦一場前夜祭。

＊交通：JR 伯耆大山

7 月 境港港祭（みなと祭）

　　境港市每年 7 月下旬的週六、日（通常為 7 月最後一周），在大漁港會舉行日本知名的漁火祭，同時也會在港口施放煙火，並且將大鼓扛到船上去。人們在船上會以擊鼓的方式，繞港一周後，將船駛離開港口進入大海，然後再折回，

以祈求每年的豐收。這個祭典在日本的漁港祭典中，算是非常大的，7 月如果去境港，不妨安排一下這個行程。

＊交通：JR 境港站

8 月 米子夏日祭典

　　通常在 8 月第一週六、日舉行的米子夏日祭典，會從 JR 米子站開始，點上萬盞燈籠。整排巨大的燈籠會沿著米子街道布置，街上當然也會有祭典的小吃攤（屋台），因為是夏日祭典，歡迎穿著浴衣前往。

＊交通：JR 米子站

8 月 鳥取市最大的鏘鏘祭

　　這是鳥取一年一度最大的盛事「鏘鏘祭」（シャンシャン祭り），以一人一把華麗的雨傘來當作祭典裝飾，通常在 8 月的中元節（又稱お盆）舉行，時間大約是大約是 8 月中旬。一般會連續三天，整個鳥取市街道會被鏘鏘傘占滿，這是鳥取的招牌祭典之一。

＊交通：JR 鳥取站

Part 4

晴天之國
岡山

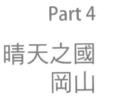

晴天之國
岡山

中國地區面向瀨戶內海的那一面，也是面向太陽升起的地方，稱為山陽也是面向太陽升起的地方，這裡一直以來都以廣島為首，比名氣、比名勝、比美食，廣島似乎就是山陽的代表。不過，自從廉價航空開通「台灣—岡山」來回航線之後，一切都變了！現在，你可以用最快的速度、便宜的價格到達岡山，加上可以直達瀨戶內海及四國。「岡山」瞬間成為台灣遊客前往日本旅遊的目的地選單之一。

過去，在「台灣—岡山」尚未開航

前，岡山一直都是用「剛好順路」的角色存活著。因為想從廣島回到關西國際機場，就會順道經過岡山；或是，因為想去一趟四國，所以先經過岡山。相信大家對於岡山的概念大多都是這樣的：岡山有什麼？不就是桃子嗎？

　　岡山，卡在廣島與兵庫（神戶）之間，因為廉價航空而受惠的城市，岡山機場也在國際線開航後，突然間變得炙手可熱。加上，山陽或山陰的 JR 鐵路周遊券都以岡山作為起點，所以近年來我

經常問朋友：「嘿！你這次的日本旅行要去哪？」「岡山？」「咦……真是不可思議啊！」由此可證，一個機場的國際線實在是太重要了。

淺談岡山

要說岡山，其實脫離不了那幾個整理過後，才讓觀光遊客遊玩的地方：倉敷美觀地區、兒島、岡山城，頂多再加上得坐船才能到的犬島吧！但是岡山機場國際線的開通，瞬間讓許多觀光客湧進岡山市。還來不及做太多準備來迎接觀光客的岡山，只能將就目前已經有的設施、鐵道，讓觀光客往這些方向前進。只是，大多觀光客不知，在岡山所營造的這些觀光勝地之外，其他鄉間小路，或是遠在高梁市的山中城市，也是值得流連的地方。

岡山自稱天晴之國，遇到下雨的機會少之又少，但很不幸的，還是讓我遇到雨天（幾次住宿岡山，總是遇到下雨的日子），雖然都不是大雨，但是在晴天之國建議還是得帶把傘比較安全。

要講歷史，岡山真的有數不完也講不完的歷史。例如岡山城，因為戰國時代的宇喜多城主，由於他和其他城主有著不一樣的思考，於是讓岡山城成為中立城，不投靠任何一方也不參與任何戰事，所以岡山城至今仍持續完整保留，城外的後樂園，也因此成為日本三大御

花園之一。反觀，我們看看另一個也是位於岡山，悲慘的「備中高松城」。

當然，備中高松城的城主清水宗治也有跟岡山城一樣的氣魄，但卻因為地

勢的關係，慘遭豐臣秀吉的軍師黑田官兵衛，挖掘深溝，利用水淹城池的方式攻陷該城。清水宗治放棄了這座大城、自刎，以交換了所有城之子民的安全。至於另一座，遠在高梁山中的「備中松山城」，雖然只剩天守閣，但卻是日本人口中，夢幻的空中之城（空中之城：兵庫縣竹田城、岡山備中松山城、福井越前大野城）。這些特別的歷史、傳奇故事通通都發生在岡山！所以岡山，絕對不是一個只有水蜜桃與桃太郎打鬼和倉敷美觀地區的地方。

岡山美食

要說岡山有什麼美食，第一個想到應該還是水蜜桃吧！除了水蜜桃之外，岡山臨著瀨戶內海，海鮮當然也是一絕，在這裡，散壽司來得比握壽司有名多了。當然冬季來臨時，牡蠣更是不可錯過喔！

桃太郎系列餅乾

傳說中，打鬼的桃太郎出生於岡山，所以岡山有很多用桃太郎來命名的商品及地點，例如桃太郎大道、

桃太郎公園、桃太郎祭。當然，點心也不脫離桃太郎的意象，像是打鬼用的丸子，稱為桃太郎團子，以及印有桃太郎圖案的麻糬、餅乾等等。若想要買些來當作伴手禮，請務必要注意保存期限，尤其是糰子，保存期限通常很短，有些只有三天到一周左右。

岡山特有的蔬果創意旬料理

　　由於氣候的關係，岡山的蔬菜水果都能算是十分美味，無論是水蜜桃、柿子、葡萄、番茄等等。為了配合許多女性上班族的需求，在岡山市中心、桃太郎大街、岡山城周邊開設的咖啡館，都會推出以蔬果為主的創意旬料理，也就是季節性料理。此舉和常見的拉麵店、烏龍麵店等餐飲店不同，岡山較多這類較新型，也較能配合女性口味的料理。

牛舌

　　日本人在吃燒肉時，牛舌可以說是特別偏愛的部位了！在岡山有很多食堂會提供燒烤牛舌定食，價格平易近人，算是岡山很普遍的一道料理。至於為什麼日本的烤牛舌總是比台灣的好吃？我想這就是和牛與進口澳洲牛肉不同的關係吧！

黑咖哩

　　說起黑咖哩時，總會想起金澤有名的黑咖哩。不過，一樣是黑咖哩，這裡的做法與口感完全不同。岡山單純的黑咖哩走平價路線，一份大約 600 日圓左右，是利用拌炒的方式將咖哩與醬油、墨魚汁加入提味，再搭配一點海鮮，例如蝦子等，最後撒上起司，就成為岡山的平民美食黑咖哩了。

岡山散壽司

　　面對瀨戶內海，海鮮當然是少不了的，但相較於握壽司、生魚片，岡山的散壽司更是出名。在日本其他縣市，通常都是在慶典、特別的節日時，才會食用散壽司，但在岡山則是相當普遍的食物。有別於一般家中慶祝時才端出的散壽司，岡山的散壽司會將好的食材擺在拌飯上，其他拌飯的佐料，例如蛋絲、碎鮪魚肉薑片等等，則會在食材下方。這樣的散壽司看起來不但華麗，而且物超所值，一份散壽司定食大約 1,200 日圓左右。在此特別提醒不習慣吃散壽司的朋友們，因為散壽司原本就是利用鮮魚刮剩下來的魚肉，再混合蛋絲等食材，拌成的壽司飯料理，為了去掉鮮魚的腥味，一般都會伴入薑片，而且散壽司的米飯（醋飯）通常都已經拌好，所以是無法特別要求挑出某些食材不加、不放的，也就是說沒有特製版！對於散壽司不了解的遊客，建議三思後再點餐。

新鮮水蜜桃、水蜜桃果凍

　　夏季的盛典，上天賜與的環境，讓岡山少雨，氣溫舒適，適合各種不同品種的水蜜桃生長。當然水蜜桃價格也不一，如果想吃新鮮的，建議單買一兩顆，單價在 300 日圓左右，若要當天吃記得挑軟一點。另外，做成水蜜桃形狀、包裝成水蜜桃的果凍也相當迷人！不僅外形像顆水蜜桃，內部也富含水蜜桃的甜美汁液。一組兩顆，雖然價格不低，但因為只有岡山獨賣，所以也只能在這裡吃到了（鳥取也有賣同樣的梨子造型果凍）。比起其他用水蜜桃作成的饅頭、餅乾，水蜜桃果凍更有水蜜桃風味。

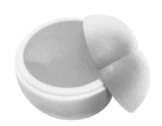

利用路面電車，花一天時間暢遊岡山市

沒有地下鐵的岡山市，想要好好暢遊，可以有兩種選擇，一種就是搭路面電車（在某個區間內都是 120 日圓），另一種就是巴士。當然，以到達的距離來看，巴士還是比較好用的，但是，若以一個沒有方向感、東南西北搞不清楚、「這個站是哪個站？」的遊客來說，路面電車才是王道。

不管你要去哪，沿著路面的鐵道走就對了。

岡山的路面電車是使用率極高的交通工具，除了停靠的「電亭」（路面電車停靠站）都非常明確，並且都在大路口之外，只要你在市中心的區間搭車基本上都是 120 日圓，所以也算相當親民。岡山的路面電車與和歌山的「小玉貓電車」是姊妹友好車，幸運的話，有時候也會搭到小玉貓電車喔！

岡山路面電車，使用規則，要注意：

1・ 一日乘車券，大人 400 日圓，小孩 200 日圓。

2・ 可以使用交通卡，上車前要先刷一下、下車也要刷卡。

3・ 採後門上車，先拿整理券（或刷卡），再由前門下車才投錢（或刷卡）。

4・ 如果是在市區 120 日圓區間內上車，如「縣廳通り」、「城下」、「柳川」、「西川綠道公園」、
「郵便局前」，上車時請不要忘記拿整理券。

5・ 要下車的站請記得要先按鈴。

票價：分 120 日圓和 140 日圓兩種區間；小孩半價則是 60 和 70 日圓
網址：http://www.okayama-kido.co.jp/tramway/

表町商店街

　　岡山有兩條知名的商店街，一條是在 JR 岡山站前，以桃太郎為主題的「桃太郎商店街」，但因為這條商店街太短了，也是觀光客逛街之地（因為離車站很近），就不多做介紹。就讓我們看看從岡山百貨、鬧區延伸過來的表町商店街吧！

　　從 JR 岡山站旁的大型購物廣場當作起點，沿途走到最大的老百貨「天滿屋」，在這裡，可以決定從天滿屋地下一樓穿越進商店街，也可以走路面道路；個人較推薦路面道路。這一路上的店家相當多，而且豐富、熱鬧，轉進商店街後，依然可以看見天滿屋的出口，所以是一樣的通路。

　　距離天滿屋不遠，轉個彎就是表町商店街。表町商店街的大街道和一般商店街並無不同，LOFT 藏在天滿街的地下一樓，不過往兩旁小巷走去，則是另一般風貌；傍晚開始營業的小店、有特色的咖啡館、手作麵包屋等等。表町商店街接近路面電車城下站這一邊，則有老舊唱片行、書店等等。

　　與一般觀光客洶湧的商店街不同，表町商店街人性化一點，在街道中間都設有休息的椅子供人休憩，畢竟這裡離 JR 岡山站有點距離，逛街的觀光客並不多，客群大多是當地人為主。商店街沿路都有屋頂，遇到下雨時分，不妨進來躲雨逛逛街吧！

營業時間：10:00~18:00　最近車站：路面電車「縣廳通り」

岡山城

耗時八年，剛好在戰國最混亂的時代建築而成，岡山城雖然歷經多次整修，但一直都免於被攻城、燒城的危機，只有城主因時代的更迭而更換家族。早年的城主宇喜多擅於利用織田信長與毛利家的衝突，安然立山在亂世之間，後來更因為防禦、裝潢功能，而將整個岡山城塗黑、屋簷鑲金，所以也讓岡山城稱為「烏城」或「金烏城」。

由於岡山市本身沒有什麼特別的玩樂好去處，加上岡山城剛好是祭典的重心，所以每年的夏季（8月1日到8月31日），城內與後樂園就會舉行夏季的特別企劃，假日時夜晚也會開館。祭典期間會用紅色的大傘做出的庭園設計，是夏季美麗風物詩，而打扮成小早川城主夫婦的人，也會穿著當時的服飾在岡山城附近與遊客拍照。

除此之外，大城的二樓有固定的點心店、體驗店，尤其是「備前燒」的製作、體驗活動。不過，因為備前燒的體驗活動作品必須要等待入窯燒好後再寄送到體驗者家，對於只是做短暫旅行的外國觀光客來說並不實際。比較特別的體驗則是，可以試著搭看看戰國時期大名乘坐的轎子（又稱「駕籠」），你會發現，原來以前的日本人個子真的很嬌小啊！

經過不停整修，呈現七層樓（包括地下一樓）高的岡山城，保存得相當好。依靠著石山建立，利用自然的大河「旭川」為天然護城河，所以投宿在城下的各家飯店，幾乎都能看到岡山城的垣石。這裡在明治時代廢城之後，在旭川上架起了跨河大橋，連結了岡山城與後樂園的後門，從此方向進出兩地，相當方便。

交通建議

搭乘路面電車往東山方向，在「城下」站下車，過馬路後直走即可。若搭乘巴士則為岡電高屋方向，於「縣廳前」站下車；個人覺得搭路面電車比較方便。

入館費：400 日圓；「岡山城＋後樂園」共通券為 640 日圓
參觀時間：9:00 ～ 17:30
公休日：12/29 至 12/31
網站：https://okayama-kanko.net/ujo

小知識 松本城

另一個有烏城之稱的大城，為「五大國寶城」中位於長野縣松本市中心的松本城。因為松本城整座城池以黑色為主，所以也同樣被稱為烏城。為了區分兩座黑色大城，多數日本人便將松本城為烏城，岡山城為金烏城。

後樂園

獲得「米其林三星」評價，與水戶的偕樂園（德川幕府的庭院）、金澤的兼六園（前田利家的庭院）合稱日本三大庭園的岡山後樂園，以開放式草坪為主要設計，不像兼六園那樣，人工打造出迴游式庭園的景物。後樂園僅利用寬廣的草原，引入旭川的河水，設計出一個有高低起伏、小橋流水的庭院。

由於後樂園屬於庭園式設計，所以每年在草坪區都會有不同的活動舉辦，像是 8 月底的「夏之日」，就會有一些簡單的攤販進入後樂園擺攤，現場販售啤酒、炒麵等等，遊客可以隨著音樂搖擺或是享受涼爽夏日；每當有這樣的節慶時，岡山城也會配合夜間開城。此外，同樣的活動也會在「秋之日」舉辦，此時後樂園遍地楓紅，滿庭黃橘紅三色的搭配，不虧為日本三大庭園之一。

　　由於後樂園的占地廣大，園內也設有許多茶屋可品嘗，若從後樂園後門出去，往岡山城方向，則有一些啤酒PUB、點心店等店鋪，天氣好時也會有旭川的遊船，不過這些都是私人經營，需要另外付費。

交通建議

　　搭乘路面電車往東山方向，在「城下」站下車，但須繞一圈才能到後樂園正門。或者從岡山城通過吊橋，從後樂園的後門進入。搭乘巴士則在 JR 岡山站4 號巴士亭，於「後樂園前」站下車。

入館費：410 日圓；「岡山城＋後樂園」共通券為 640
　　　　日圓（建議購買此套票）
參觀時間：春夏期間 7:30~18:00，秋冬期間 8:00~17:00；
　　　　　特殊活動除外
公休日：無
網　　站：http://okayama-korakuen.jp/

（竹久）夢二鄉土美術館

這是間得到「米其林一星」的夢二鄉土美術館，主要展出活躍於 1900 年代旅歐的日本詩人、畫家「竹久夢二」的作品。當然，瀟灑的竹久夢二的作品相當特別，如果你平時就是個很喜歡逛藝文、美術作品的人，來到岡山，竹久夢二的作品當然得來朝聖一下。

岡山是竹久夢二的故鄉，美術館就在後樂園前方不遠。請注意，由於裡面很多的展出作品都為原畫、原詩稿，所以是禁止拍照的！不過，在岡山的夢二鄉土美術館裡，引人注意的不只是竹久夢二的作品，因為美術館館長所飼養的小黑貓「黑之助」，更是吸引人前往的其中一個原因。

小黑貓原本是一隻流浪貓，因為經常流連在夢二美術館，加上樣子實在太像竹久夢二作品中的黑貓，於是經由美術館長收留後，命名為黑之助（くろのすけ），成為館內的館貓。黑之助平時都會住在美術館外的草坪區，大方的在遊客面前走來走去。但如果遇到下雨天，黑之助就會被帶進屋內，出現「館貓黑之助今日因雨公休」的狀態。這裡的入口大廳展出相當多黑之助的商品和照片，這個區域是可以拍照的，側館則是商品

館與咖啡館，也有不少竹久夢二與黑之助的作品。所以……這個美術館到底誰比較紅呢？啊！看來好像黑之助佔了一點上風。

交通建議

搭乘路面電車往東山方向，在「城下」站下車，但須繞一圈才能到後樂園正門。若搭乘巴士則為 JR 岡山站 4 號巴士亭，於「蓬萊橋・夢二鄉土美術館前」站下車。

地址：岡山縣岡山市中區濱 2 丁目 1-3
入館費：800 日圓，另有搭配「岡山城＋後樂園」
　　　　的共通券 1,220 日圓
參觀時間：9:00 ～ 17:00，特殊活動除外
公休日：週一
網站：http://yumeji-art-museum.com/

岡山城和後樂園、夢二鄉土美術館，都在同一區域，可以安排一次走完

單車漫遊之旅，「吉備路」單車道

對於習慣在大都市，像是東京、大阪、京都、福岡等地旅遊的朋友來說，岡山常常會被說是鄉下（田舍）地方。這並沒有錯！岡山的發展真的趕不及大批湧入的觀光客，大多數景點的周邊都還是稻田、蕎麥田等。甚至，若想前往日本傳說中的鬼之城，都是在高山的那頭，得包車或自駕才能進入，連到山下

的巴士都沒有，想爽快的暢遊真的很難！這時，只能依賴單車前往。騎單車走走停停，是很自由，但重要的是：還車的時間要抓得很準。

岡山的「吉備路」，是一條路面平整、幾乎沒有坡度，可以延續到終站「總社站」的單車道。沿途會經過「桃太郎」故事原型，有名的吉備津宮（吉備津神

社），以及一些舊時代遺跡，兩旁還有綠油油的稻田和依四季出現的花朵，風景美麗，相當具有歷史意義。由於各景點離車站頗有距離，於是岡山縣在出「備前一宮」站，一離開吉備津彥神社後，在此設置具觀光、健身概念的單車道。

從這裡開始，將以單車路線來做介紹。不過，有些景點還真的是地雷，就不特別說明，畢竟是鄉下地方，沿途的商店不多，所以請記得攜帶補給食物。至於飲水分的話，並不是太大的問題，有自動販賣機可購買。

「吉備路」單車出租車訊息

　　騎著單車，在吉備單車道上無視汽車往來是一種幸福，為了讓騎單車的遊客們能更盡情，單車租賃有以下的方法：

1‧ 兩小時制：500 日圓，甲地租借甲地還，超時則以每小時 200 日圓計算。
2‧ 一日制：1,100 日圓，可任選 3 個還車的地點，分別為「JR 備前一宮站」前（原站）、「JR 總社站」前，以及「國分寺」旁租借處。
3‧ 需填單確認租借方式。
4‧ 嚴禁「棄車」，也就是騎到一半把單車丟棄。
5‧ 若有單車停駐的標示，請將單車停在該處。

租車注意事項

這裡租借的單車雖然有變速模式，但仍是一般單車，加上沿線路面平坦，沒有什麼需要太費力或用力踩的地方，但依舊要沿著標示的單車道走。切勿走汽車道路以保安全！
由於日本人是採取良心制的方式在租借單車，所以出借時只需要填單與付款，不需要押證件。因為如此，出國遊玩出借單車時請發揮良心，務必將單車騎到歸還處。如果發現騎不到、到不了原先規劃之目的地，請在最近的還車處還車。

交通建議

在 JR 岡山站搭乘桃太郎線（吉備線）到「備前一宮」站即達。

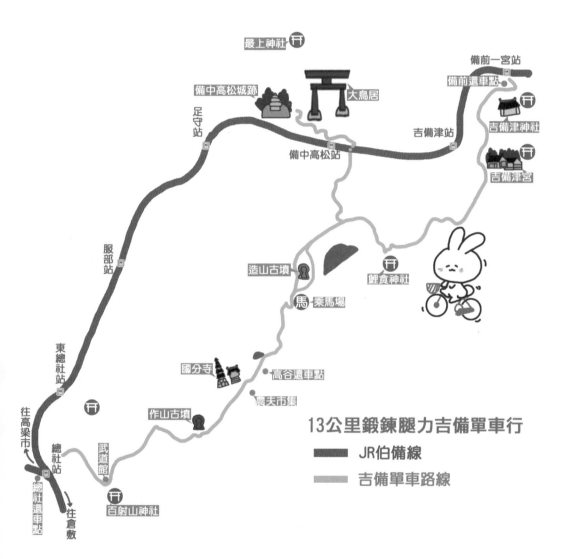

最上神社 鳥

備中高松城跡 大鳥居

足守站

備中高松站

備前一宮站

備前還車點

吉備津神社

吉備津站

吉備津宮

服部站

造山古墳

鯉食神社

馬 乘馬場

東總社站

國分寺 高谷還車點

農夫市集

作山古墳

13公里鍛鍊腿力吉備單車行

往高梁市

總社站

武道館

JR伯備線

吉備單車路線

總社還車點

往倉敷

百射山神社

吉備津彥神社

搭乘 JR 來到「備前一宮」站，走出車站就可以租借單車。租好單車後，往前騎一個路口過了平交道，就是吉備津彥神社了；非常近，也好找。將單車騎進第一個鳥居入口，過了車道後，可以看到單車停車處（紅燈籠旁），請將單車停於此（上鎖），就可以好好逛這個占地廣闊的吉備津彥神社。

吉備津彥神社也是岡山、吉備這兩個地區極有名的神社，每年九月、十月，這裡會開滿紅色、黃色的曼陀羅花。比起我們經常見到的春季櫻花、夏季荷花，曼陀羅花的每更令人驚豔。

吉備津彥神社是岡山的「桃子神社」之一，也是以祭祀桃太郎為主的神社，所以對於求子、生產都特別靈驗，也有相關傳說。在這裡，不管是籤詩、桃子形狀內藏的籤詩（500 日圓），或是繪馬，通通都是桃子形狀。所以，在吉備津彥神社買到的御守，上面也會放一個小桃子鈴。最有名的當然就是安產御守，全部都是可愛的粉紅色桃子，喜歡的話不如帶一個回去吧！

御守販售時間：9:00 ～ 17:00
最近站：備前一宮站
單車租賃：9:00 ～ 18:00

吉備路

　　吉備路是條僅供單車使用的道路，
大多兩旁都是稻田，隨時都可停下來。
路面沒有太大的斜度，只要一直依循著
單車指示牌走，就能順利的到達幾個不
同的景點。唯一要注意的是即使是專為
單車設計，還是會有需要過馬路的時候，
由於這裡屬於鄉間，並沒有太多的紅綠
燈（信號機），而
且車都開得挺快，
過馬路時請特別注意，
或是下車牽車過馬路。

不需要特別繞路去的地方 1：最上稻荷神社

　　從 JR 備前一宮站穿過平交道後，
也可以往有紅色大鳥居的方向走，
那裡是過去「備中高松城」和最
上稻荷神社的方向。最上稻荷神
社是岡山內最大的稻荷神社，奉
祀的是以緣結為主的稻荷狐狸。
由於稻荷神社在半山腰上，所以
沿途有商店街，但很可惜有種荒
廢感。雖然這間稻荷神社很大，也不乏有人開車前往，但騎單車去的話實在太遠；
與其花長時間騎將近 3 公里的單車前往，不如在吉備津宮多停留久一點的時間。

吉備津宮

依山而建的吉備津宮，又稱「吉備津神社」，是岡山境內最大的神社。在古時候的傳說中，吉備國是日本境內最多惡鬼「溫羅一族」的地方，四處散播惡疾，騷擾人民，還奪走孩童，造成人民許多困擾與驚恐。於是，神明派最勇猛的人在吉備國進行驅趕鬼怪的工作，在這裡營造了這個最大的神社，鎮壓惡鬼。傳說，溫羅一族的頭顱就埋在這座神社下，這也是「桃太郎」故事原型的由來。也因為如此，這裡有很多趨魔、趨凶的儀式，例如相當有名的「鳴釜神事」。

鳴釜神事

這是吉備津宮獨有的特殊神事，利用大釜（大鍋）煮沸裝著米的蒸籠，然後開始祈願念出許願者的經文。煮沸的過程釜中會發出鳴聲，如果釜中的鳴聲很大，代表心願會得以完成；若是鳴聲很小，代表心願無望。若是祈禱運勢，當然希望鳴聲越大越好，而當經文念完，

鳴聲也會跟著消失。

像這樣神聖的祈願，是不能夠受打擾，也不能有聲音的，非預約的許願者也不能進入，當然也不能拍照，但若有特別的採訪需求，則可事先申請拍照許可證。其實禁止拍照有很多原因，其中的一點當然是因為要專心在許願的過程，拍照則會影響流程。加上我是一個人前往，就比較難取得拍照許可證，只能遠遠拍攝神事小屋。通常，若是整場祈願都是認識的人包場，拍照許可證會較容易取得。

矢立神事

除了鳴釜神事外，吉備津宮也是岡山正式的弓道場，與東京的明治神宮、大阪的住吉大社一樣，每一年除了舉行不同的比賽外，在此也有驅魔的盛事舉行。日本用傳統的弓來作驅魔儀式已經是長久以來的傳統了，而吉備津宮更將這項儀式盛大舉行，原因都是為了鎮壓在神社下的惡鬼，這就是「矢立神事」。來到有美麗木迴廊的吉備津宮，也順便了解一下這座神社神聖的歷史，才發現這原來是一座如此與眾不同的神社。

鳴釜神事：須預約，基本費 3,000 日圓，若無事先取得拍照許可證，請勿拍照。
舉辦時間：9:00 ～ 14:30　神事休息日：周五

若駒乘馬場

　　若有在 JR 岡山站附近逛，細心一點就會發現免費乘馬體驗的活動。在吉備路上，就有一間若駒乘馬場，可供長短期騎馬，或在固定日體驗乘馬。不過，由於乘馬場僅限於日本人免費體驗，但因為騎單車時會經過馬場，所以僅在此做簡單介紹。外國遊客雖然騎不到馬，但是旁邊有小馬區，可以發現馬寶寶的活動喔！請注意，如果想停下車與小馬互動，僅可在欄杆外，禁止進入馬的活動區。

不需要特別繞路去的地方 2：
造山古墳

離開吉備津宮後，往國分寺前進，會經過造山古墳，也許很多人對大約四至七世紀左右的「古墳」會感到興趣，但其實日本的古墳就是如森林一般的小土丘。由於騎單車必須繞一大圈，可以直接跳過這個點前往下一個景點。對四、五世紀古墳有興趣的旅者，不妨前往大阪的堺市「百舌鳥古墳群」，那裡才是最有指標性、挖掘出許多古物，並且已有古墳設計圖的地方。

備中國分寺

遠比戰國時代更遠古
的八世紀，當時的日本還
是小國林立的地方。為了
鎮守各國，時任的聖武天皇要求各個小
國都要建立一個「國分寺」，作為護國
國寺，用來避免厄運與疾病，保護該國
的安全。位於奈良的東大寺，就是當時
日本最大的國分寺。至於當時「備中國」
的國分寺，離現在JR的總社站滿近的（但
其實也沒有很近），當時建立時還位於
山谷之間。由於現在四周都是稻田，説
真的，若不是因為遠遠看到五重塔，可
能也不會知道哪裡有座國分寺。

奇妙的應該是這間國分寺，除了以
如來觀音為主要祭祀的神明之外，還販
售了很多讓人意想不到的東西。像是「佛
足御守」，可以保護你的足腰健康；像
個小福袋的「八寶御守」，則放了很多
金色小物，既保交通安全，也保長壽健
康，還有防小人的能力，可説具所有功
能於一身。雖然販售御守的寺院不少，
但是這座國分寺的御守，卻是萬中選一，
十分有意思。

開離國分寺，若想騎往JR總社站需
要很大的耐心與毅力，畢竟接下來已經
沒有別的景點了，只能往前騎到總社市
中心，途中會經過一些遺留下來的古遺
址，然後就努力騎到總社站還車吧！

租單車注意事項

騎到國分寺之後，接下來都是
很單純的單車道路，然後就會
進入市區。你可以決定是不是
要就此還車，或是再努力一下
騎到總社站。如果沒有要在JR
總社站還車、轉車，建議在國
分寺就可以還車，否則騎到總
社的距離算是很遠，而且路上
什麼東西都沒有。

備中國分寺還車地址：總社市宿659

暖簾之鄉，勝山町文化保留區

有「暖簾之鄉」美譽的勝山町文化保留區（勝山町並み保存地），也是有著白壁土牆的老屋街道，這裡的建築利用格子窗的方式來透光，讓整個房子內部感覺柔和溫暖。「為什麼稱為暖簾之鄉？」其實，暖簾就是江戶時代各家商店門口懸掛的大型門簾，主要是為了阻擋強烈的陽光直射進入屋內而懸掛。由於大多是做商業販售的店家會使用，所以顏色柔和、多樣，而且圖案多以「家紋」為主，或是商販的形象圖案。新一點的商店，例如汽車周邊商品店，上面的暖簾就會有車子的圖案。收集每一種暖簾花樣頗具樂趣，加上這裡的暖簾多達一百幅以上，便成為專屬於勝山的特殊文化景觀。

如果真正比較起來，勝山町比較像是觀光客較少的倉敷美觀地區，因為兩個地方的建築相似，街道也很相似，唯一不同的，真的就只有懸掛在上面的暖簾，以及沿著屋後流經的旭川。白壁土屋後的旭川沿岸是非常適合散步的地方，在過去，曾經也是貨物水運的集散地，這也是為什麼勝山有這麼多店家的原因。許多的貨品，包括染織布、日本酒等等，都會從這邊透過旭川水運送出，所以這裡還留有可供船隻靠岸的卸貨區。在這裡的旭川源流並不是一條很深、水流很急的河川，但沿著石階走道散步，也相當浪漫。

交通建議

在 JR 岡山站搭乘津山線到「津山」站後，再轉搭姬新線到「中國勝山」站，出站走路約 10 分鐘可到。

暖簾商家

只要掛上暖簾，其實每一間都是商家！不管是日本酒釀造商，或是書法物品商店、咖啡館、手作物店面等；當然，這裡也有專門販售暖簾的店鋪。很神奇的，這些店家明明跟倉敷美觀地區的差不了多少，但卻有種更懷舊的感覺。也許是因為門口的暖簾，以及從格子窗傾瀉的陽光吧！

有著「出雲街道」起點的勝山，屬於向陽區域，最好逛的時間是在下午2點以前，接著陽光就會移到後方的旭川方向。由於這裡的店家大多在週三公休，建議勿在週三前來。

【推薦店家】

1‧ 喫茶うえのだん／カフェうえのだん

位於「勝山文化往來館」裡，這間店是喜歡喝下午茶、吃甜點的人的好天地。在古老的白壁土屋裡，木質的裝潢頗為舒適，若幸運可以遇到窗邊座位，不妨倚著窗，點一份甜點套餐吧！

地址：岡山縣真庭市勝山 162-3
營業時間：10:00 ～ 17:00
公休日：週三

2‧ ひのき草木染織工房

這間染織工房在勝山當地相當有名，橘色為底，白色大圓的暖簾是最明顯的招牌。這裡不但是間染織工房，同時也是藝文展覽館，也有販售一些小物，是滿有特色的小店。

地址：岡山縣真庭市勝山 193
營業時間：10:00 ～ 18:00　公休日：週三
網址：https://hinoki.exblog.jp/

勝山鄉土資料館

勝山鄉土資料館原本是勝山官代的房子，現在成為勝山地區與歷史文化與古蹟文物相關的展示地。

入館費：200 日圓；開館時間：9:30 ～ 16:30；公休日：每年年末與年初

鬼之穴與神庭瀑布

勝山地區的自然生態、風景名勝其實很多，但由於位處於山間，想要到達某些有特色的地方，若不是要走一段不算近的路，就是要往山上走。知名的「鬼之穴」就是得往山裡走去的鍾乳洞穴景點。鬼之穴的入口為「神庭瀑布」（神庭の滝），這裡有個淺水灘，必須要脫鞋才能走進去，地處陰暗，進入時請務必小心。

要到神庭瀑布並不容易，若真想前往，建議從 JR 中國勝山站搭乘計程車前往。整個岡山用「鬼」來當景點的地方真的不少，只要是稍微陰暗，稍微有氣氛，就可以冠上「鬼」這個名詞！鬼這個詞可以蔓延到瀨戶內海的男木島與女木島。

位置：岡山縣真庭市／神庭瀑布自然公園
門票：300 日圓
＊務必小心個人安全

如畫一樣美麗的倉敷美觀地區

去岡山旅行的 10 個人當中,應該全部都會去倉敷吧!因為這裡交通方便,而且設施完善,很早就有觀光客湧入。倉敷美觀地區早年是以日本在地旅客為主,當然,現在還是有許多日本自己的觀光客,但是當外國旅客也開始多起來之時,就得再感謝一次岡山機場國際線了。而且很開心的,在這幾年還只見到台灣、香港、韓國與少數的歐美人士,倉敷美觀地區算是難得還未被中國團客包圍的地方。

來到倉敷,還是建議提早一點出發,許多老長屋或團屋被設計成不同區的商店,老倉庫也改成體驗推廣和手作賣場,在同一個地方被困住 1 小時以上一點也不誇張。另外提醒那些非常熱愛牛仔衣物的人,請看緊你的荷包!這裡雖然不

是兒島牛仔褲之鄉,但是牛仔褲店非常多,而且都是很好、很大的品牌,或者是設計師研發品牌,若光看,每件款式的定價都不算太貴,不過相信只要有心想買,信用卡很快就會刷滿刷爆。

梅雨鋒面影響,2018 年 7 月岡山的倉敷市一帶因地勢低窪,降下的豪大雨幾乎淹掉了三分之一個倉敷市。不過,由於倉敷是岡山的重要文化財,相信當地美麗的市容、風貌,很快就會恢復。

交通建議

在 JR 倉敷站下車,然後請先到天橋上的觀光案內所拿取地圖等資料。

惠比壽街商店街

　　從 JR 倉敷站南口走出來，穿越惠比壽（えびす通り）商店街後，可以到達倉敷美觀地區，這也是最短路徑。這裡雖然不太流行，也不太時尚，但逛逛也挺有趣的，幾間自有品牌的牛仔衣物專賣店也不錯。特別要注意的是想用餐的店，若有在倉敷吃晚餐的打算，商店街內外的幾間店面只開到晚上 7 點或 8 點。

　　惠比壽商店街並不長，繼續往下走大概走個 5 分鐘，就能夠抵達「阿智神社」。從這裡可以決定要走平面進入老街，還是從阿智神社走進老街。在聽從了當地咖啡館老闆的建議，我決定先到阿智神社後，走階梯往下到老街，這樣就免於往上爬階梯到阿智神社這一段路程了。

阿智神社

　　這是倉敷地區著名的地方神社之一，神社內的緣結木相當有名！這棵原產於東南亞的樹木，不但是阿智神社內最長壽的樹木，樹的花語「人情家」也很特別，是「情愛持續濃烈」的意思，所以有非常深重的緣結意義。這裡販售的籤詩都是「愛戀短歌」為內容，人們所祈求的也以愛情運為主。想要結緣的人請在抽到籤詩後，在緣結木旁的籤詩結繩區，找到屬於自己的生肖後，將籤詩綁在線上，請記得綁緣結結喔！（三角形的綁法）

　　阿智神社也是眺望倉敷的制高點！站上高處，首先映入眼簾的為倉敷老街，而美觀地區則在較遠處，往老街走只需要步下階梯即可，非常方便。

老街保留區

還走不到倉敷美觀地區,會先到達的是屬於文化保留區的倉敷老街。這裡與先前介紹的「勝山町文化保留區」很像,保留江戶時代的風情和商販文化。只不過,這裡並沒有在門口掛上暖簾的習慣,反而是木製的老招牌特別吸引目光。

在這條都是白壁土牆的老屋街道中,保留許多傳承下來的商店,像是日本酒釀酒商、染布店、釀醬油商、菓子店、食堂與咖啡館等。平日人潮就非常多,尤其是從倉敷美觀地區反向走回車站的遊客,讓此處充滿了人潮,來岡山旅行的人大概都集中在此吧!

倉敷美觀地區

　　屬於老長屋、團屋改建後的倉敷美觀地區，在這裡可以找到一個個不同屬性、區塊的商店。以 Kurashiki Craft Work Village 為例，可以發現有著日本傳統手拭巾的店、設計款的帆布工房、銀製工房以及咖啡屋等，每一個區域都會採取切分的經營方式，並同時將不同的店家集合在一起。

　　老屋改建的確需要很多巧思，這一點倉敷美觀地區做得相當完善。即使是美術館或是老倉庫改裝成的體驗攤位，都能夠帶給旅客不同的新鮮感，難怪這裡一直都是岡山最多人潮的景點。

倉敷帆布

倉敷除了牛仔褲知名之外，最有名還有帆布包。在倉敷美觀地區大概可以找到三、四家自行設計的設計師款倉敷帆布包，每家都有自己的特色，價格大約落在 10,000 日圓至 20,000 日圓之間，你可以貨比三家，選購自己喜愛和實用的。其實比起倉敷帆布包，我更喜歡牛仔褲店銷售的牛仔布包，雖然都是藍色調，但款式多樣，頗為耐用，重點是價格只有帆布包的三分之一不到。兩種包款，任你選擇。

推薦文創店　mt 紙膠帶博物館—如竹堂

雖然是鄉下地方，但是岡山的手工藝卻相當有名，當中以來倉敷、全球知名的 mt 紙膠帶為主。在老街町內的「如竹堂」展示了各色 mt 紙膠帶，裡頭總是有滿滿的人在逛。許多市面上少見的款式，如竹堂限定紙膠帶、岡山限定紙膠帶，這裡都找得到！懶得擠進去？沒關係，到物產體驗倉庫有時也會直接送你一捲 mt 紙膠帶喔！

■地址：岡山縣倉敷市本町 14-5
■營業時間：10:00 ～ 17:30 ／無公休日
■網站：http://nyochiku.906.jp/
＊勿在店內飲食，若遇雨天，雨傘請放置店外

倉敷川舟遊

　　玩倉敷的重點，當然是乘船遊川。由於乘船的人相當多，特別是在假日，所以務必要先購票，避免過了時間而無法上船。比如下午2點就到乘船處，買到下午4點的票，多出的兩小時請在附近逛逛，沿著倉敷川周邊走，其實有相當多的店家可逛，尤其以販售水果聖代的倉敷本店最為熱門！在這裡外帶與內用為分開兩條路線，內用者請依照順序點餐，並且先看好自己想點的聖代，以節省時間。

　　大約傍晚4點左右，倉敷川兩旁沒有太多店家的河川邊，就會出現一攤攤的手作攤或是雜物攤，也頗值得一逛。在倉敷川旁的牛仔褲 AREA，有個各式各牌的牛仔衣物專賣店，連冰淇淋與漢堡都走藍色風格，又會是一個讓荷包大失血的地方。

觀光案內所：9:00 ～ 18:00
船班：最早 09:30，最晚 17:00；12月～2月只在周六日、例假日營運
票價：大人 500 日圓、小孩 250 日圓
公休日：3月～11月的第2個星期一（例假日除外）；跨年元旦。
網址：https://www.kurashiki-tabi.jp/

逛街小訣竅

這裡的店家通常從上午 10 點開始營業，晚上 5 點半後陸續關店，營業時間不一，所以要安排好逛街的順序。看起來很小，但走起來有點距離的倉敷美觀地區，並不適合往回走，最好保持一條路線的玩法。

第一種玩法

從 JR 倉敷站出來後，往惠比壽商店街方向走。穿過阿智神社，來到老街，再往走倉敷美觀地區，乘船後逛街，最後從大馬路回到 JR 倉敷站，或惠比壽商店街。

第二種玩法

從 JR 倉敷站，直接走大馬路，直搗道倉敷美觀地區，也就是乘船處。然後再開始往老街方向移動，最後到惠比壽商店街，回到 JR 倉敷站。

來到倉敷美觀地區，不搭一下川舟遊歷倉敷川，似乎說不太過去，但下方 10 點乘船事項請記住。

乘船注意事項

1. 請務必先到乘船處對面的觀光案內所，購買票券。
2. 乘船有時段性，請選擇要搭乘的時段。
3. 可以預購乘船券，也可前一日購買。
4. 由於安全限制，每船最多 6 人搭乘，小孩也算 1 人。若同行超過 6 人，請分開搭乘，勿硬擠造成撐船人的困擾。
5. 乘船前請先排隊，並將票券交給乘船處的管理人員。
6. 在川舟沒有完全停止、綁好岸繩時，請勿站立或走動。

7. 在仍有陽光的時候搭船，建議拿一頂斗笠或自身攜帶帽子遮陽。
8. 若有小孩，請自己安撫孩童，並且勿傾身讓孩童玩水。
9. 乘船過程，請聽撐船人的指示。
10. 如果買了乘船券卻下雨無法開船，可以回到觀光案內所退票。

天空之城，高梁的備中松山城

天空之城的意思，就是一個人煙稀少，雲霧繚繞的地方。當然，戰國時代的築城者並不會讓大城無法進入，只是需要重重的難關，像是越過高山等等。這也代表著，這座大城的周遭並沒有太多的天然屏障，領土也窮，所以只好將大城蓋在山頂上。但也因為入城困難的原因，備中松山城成為了目前唯一、保留有「最完整天守閣」的天空之城。

就如同所有在戰國時代建立的大城一樣，這裡的城牆是沒有經過切割的完整石塊，「怎麼運上山頂？」一直都是山城的最大祕密。戰國時代著名的大城建築師就那幾位，專門築城的都有自己的方式，所以即使歷史學家研究很久，戰國山城的建城之謎，依舊很難解！也許是像姬路城那樣，直接搬墓石，或是像福岡城那般，先拆了別人的城再搭建自己的城池！另有一說是，這裡的城牆岩石是從瀨戶內海中的廣島（小島，非我們認知的廣島）運送而來的。由於大阪城使用的岩石也有來自廣島的，所以這種說法頗為可信。

來到岡山，建議走一趟備中松山城，它的城牆真的非常有氣魄，許多 NHK 的大河劇（時代劇）也會在此處取景大城的壯觀角度。

前往備中松山城主要方式就是「步行上山」，這裡有許多階梯，雖說有巴士或計程車可以送你到中間站，但登城還是需要爬 20 至 30 分鐘。往上爬時，一邊看著不斷鼓勵自己繼續往上走就會成功登城的城主語錄，加油，努力吧！

地址：岡山縣高梁市內山下 1
入館費：500 日圓
開館時間：9:00 ～ 17:00
五館共通券：1,500 日圓（備中松山城、武家屋敷、賴久寺、鄉土資料館、山田方谷記念館）

前往天空之城的方法

前往備中松山城有很多種方法，包括以下三種：

1 · 自駕

但非常不建議，因為山路非常曲折，路的寬度也窄小，讓不熟悉路況的外國人來開車實在很危險。

2 · 登城巴士

從「城見橋公園停車場」搭乘往備中松山城的巴士，每隔 15 分鐘一班，路程大約 25 分鐘，需要預約。1 個人往返的費用為 500 日圓，中間必須換車才能到城下登山中心。不過，登城巴士有月份上的限制，在 4 月、5 月、9 月、10 月、11 月這五個月份才有每天運行，其他月份都是在假日才會開。

運行時間：往登城方向 8:45 ～ 16:30；返回城下方向最終車 16:45；詢問預約處：JR 備中高梁站「蔦屋書店」內的觀光案內

3 · 搭乘共乘計程車

在 JR 備中高梁站的「蔦屋書店」內的觀光案內所事先預約，然後預約時間一到就會有計程車前來迎接。若是下山也要搭同樣的計程車，也可跟計程車司機告知，司機會等同一群人（最多 4 人）在約定的時間開車，1 人往返為 1,600 日圓。

可選擇的時間
登城時間：9:50、11:20、12:50、14:20
返回時間：11:40、13:10、14:40、16:10

拍攝天空之城

除了登城拍攝外，在早晨也可以到展望台拍攝有雲霧繚繞的天空之城。最好的天氣是「前一晚較涼的晴天」，並不需要 6 點多就待在高處等著拍照，因為要等到雲霧降下的時刻，大概會在 8 點到 9 點左右。尤其是 9 月與 10 月份，8 點左右就可以拍到雲霧的天空之城，10 月時大約 9 點。並不太建議在夏季 7 月或 8 月前往展望台拍攝，因為日夜的溫差很小，拍到雲霧感並不容易。前往備中松山城若真的是為了拍攝美麗、雲霧繚繞的天空之城，建議在 4 月、9 月、10 月、11 月溫差大的晴天前往（可先查天氣預報）。

雲海展望台注意事項

由於展望台是位於備中松山城旁邊的山頂，是拍攝天空之城最好的位置，所以常會有野生猴子出現，牠們甚至會奪取人們身上的東西，務必記得不要帶食物上山（帶飲水即可）。垃圾也請記得帶下山！12 月至 2 月為此處會降雪，也請勿上山。這裡也可以在 JR 備中高梁站搭計程車前往，若有自駕，請特別注意安全，畢竟這裡是人煙較少的山路。

城下町老街

　　早上前往備中松山城，下城後即可在城下町遊玩。搭乘巴士者可往停車場方向前進；搭乘共乘計程車者，可在中途下車，不然又會回到 JR 備中高梁站。想要在城下町散步者，可從「紺屋川美觀地區」開始一路走路到 JR 備中高梁站。

高梁基督教會堂

　　由綾瀨遙主演，NHK 的大河劇《八重之櫻》曾經描寫過這段史事。此處由日本第一位偷渡留學生，也是傳奇人物、京都同志社大學的創辦者「新島襄」協助建立。明治 12 年，新島襄到高梁市協助創立另一所女子大學，同時，信仰基督教的他也在這裡建立了這座岡山縣現存最古老的教堂。由於是古蹟之一，所以教堂是開放參觀，唯有週日中午前的禮拜日禁止參觀。

地址：岡山縣高梁市柿木町；可參觀時間：9:00 ～ 17:00，免費參觀

高梁市鄉土資料館

　　鄉土資料館原本是高梁小學，由於「校齡已高」（明治 37 年建立），學校搬遷後，這裡就變成了展示高梁市史蹟的鄉土資料館。由於新島襄的關係，高梁市的建築都相當洋派，看不到太多日本老建物的影子，就算只是小學，也還是有特別的二樓喔！

地址：岡山縣高梁市向町 21　公休日：12/29 至 1/3
入館費：300 日圓
四館共通券：900 日圓（備中松山城、武家屋敷、賴久寺庭園、鄉土資料館）

高梁市蔦屋書店

　　位處 JR 備中高梁站外的蔦屋書店，結合了所有高梁市的服務功能。包括高梁市的觀光案內所，Starbucks 咖啡館、書店和圖書館、童書樓層的兒童遊樂場、觀景台等，當你等著預訂的來車，可在此逛逛。書店最大的特別點就是：挑高四層樓的書櫃，以及用玻璃帷幕打造的階梯；是個非常好打發時間的地方。

　　但如果你跟我一樣並沒有非常喜歡連鎖店的制式咖啡，不妨到一樓的小咖啡館，便宜一點而且也有手作點心，也比較有人的溫暖。

・觀光案內所　營業時間：9:00 ～ 17:00 ／無公休日
・蔦屋書店　營業時間：9:00 ～ 21:00 ／無公休日

一日遊精選　在岡山，若想走更遠

　　岡山，如同之前所說，即使機場國際線運營了，但大部分的地方還是鄉下，有的還被命名為古蹟保留區。如詩如畫的景點，都藏在山的那頭、海的那邊，交通並不是那麼方便，即使選擇搭電車或是巴士，都得有點距離。不過若你真心想多留幾天在岡山，其實岡山藏著不少好玩的地方。

精選 1 · 新見市的滿奇洞

　　江戶時代獵人發現的超大型鐘乳石洞穴，在戰後因日本知名女詩人與謝野晶子曾經前來過，便將它命名為充滿奇異與夢幻的名字「滿奇洞」。搭配上燈光、像迷宮般的路徑，以及長年以來沉積的鐘乳石，營造出如此奇特的感覺。其中一個由鐘乳石圍繞而成的空間，還被稱為夢幻宮殿般的「龍宮」。此處的溫度大約保持在恆溫的 15 度左右，所以即使在炎熱的夏天前來，也請記得多帶一件薄外套。

交通建議

　　從 JR 岡山站搭「伯備線」到井倉站後，換搭巴士「往滿奇洞方向」約 40 分鐘，可達滿奇洞，車資 470 日圓。

入洞費：1,000 日圓
入洞時間：8:30 ～ 17:00（最晚入洞 16:30）／無公休日

精選 2 · 牛仔褲國度，兒島

　　雖然説在倉敷已經可以找到相當多的牛仔衣物專賣店，但是，岡山設計師款牛仔褲的大本營其實在離瀨戶大橋很近的兒島。在兒島，隨處都可以見到衣櫥裡缺少的那一件牛仔褲。

　　兒島除了牛仔褲專賣店很多之外，主要還是以設計師款的牛仔褲為主，一般大品牌的牛仔褲在這裡並不吃香；因為設計師款更有個性。若想要自己親手做一件牛仔褲，這裡有牛仔褲製作體驗中心。從選擇紐扣、布料顏色、口袋形

狀、皮革顏色等開始，一切自己來，再教你簡單的幾個步驟與車縫，就可以製成屬於自己的手作牛仔褲喔！當然，自己做好的牛仔褲請自己帶回家。

交通建議

　　從 JR 岡山站搭「瀨戶大橋線」直達到兒島站，約 22 分鐘。

體驗工房：Betty Smith
體驗費用：8,800 至 14,300 日圓（含税）＋帶回去自己做的牛仔褲
營業時間：9:00 ～ 18:00
公休日：年末到年初
網站：http://betty.co.jp/

精選 3· 瀨戶內海的直島

　　沒來過直島，千萬別說到過瀨戶內海小島。直島是瀨戶內海的指標，雖然現在許多直島人外移，但非直島人也一直移入；有的從岡山、神戶來此工作。有東方直布羅陀之稱的直島，是藝術家的天堂，也是歐美人士前來岡山旅遊的首選之一。

　　「只有一天的時間能不能玩遍直島？」答案是肯定的，由於巴士交通非常方便，加上像是「地中美術館」、「李禹煥美術館」都有免費專車接送，巴士一趟又只需要 100 日圓，算一算搭巴士比租車划算也方便多了，加上連安藤忠雄的「家計畫」也都是巴士可達之處，既然如此，為何還需租車呢？有興趣前往直島一遊的人，可在瀨戶內海藝術季時前往，此時會推出便宜的套票，所展出的藝術品也相對較多。

交通建議

　　從 JR 岡山站搭「宇野線」到宇野站，再轉搭高速船直達直島（宮浦港），航程 20 分鐘。

特別提醒：直島全島統一週一公休，但船班照開。

高速船票：300 日圓
島上交通：步行、巴士、單車、機車
巴士：一次 100 日圓
租車：租單車或機車的價格依每家店的定價為基準

精選 4 · 瀨戶內海的豐島

由於「豐島美術館」個關係，和大自然融合的豐島，聲名大噪。豐島的美景，包括梯田（棚田）、花田、橘子田及草莓園，更能呈現在遊客面前。這裡的草莓季一直持續到五月，而且島上唯一的草莓店家也是豐島名店之一。

豐島有兩個港口，一個為離小豆島的土庄港較近的唐櫃港，另一個則是較大的家浦港。不管從高松港、宇野港，或是來回直島、犬島，都是利用到家浦港。豐島上的居民相當友善，會主動告知最近的美術展館地區，像我第一次到豐島，不巧就是週二公休日，遇見的每一位島民都主動告知說「周二休息」，甚至還有居民從家裡看到我經過時，特地探頭出來說：「今天是休假日喔！」所以絕對要特別注意：「週二是豐島與犬島的休息日！」整個豐島的作息都是跟著豐島美術館走。當豐島美術館休館時，其他室內的美術展品、店鋪、食堂等等，也都會跟著在週二公休；周日和例假日都是不休息。也正因為如此，只要到了周二，也不會有開往直島與犬島的船，這一點要特別注意。

交通建議

從 JR 岡山站搭「宇野線」到宇野站，再轉搭高速船直達豐島（家浦港），航程 40 分鐘。

特別提醒：豐島船班週二休航，也不開往直島、犬島。但如果週二為國定假日，則改為周三休航。

船票：780 日圓
島上交通：步行、巴士、電動單車
巴士：一次 200 日圓
電動單車：以店家的定價為準

精選 5 · 瀨戶內海的犬島

　　和直島以黃色南瓜為代表物一樣，這個以大煙囪為代表物的寧靜小島，原本就是一個煉鋼廠，失去煉鋼功能之後，由知名建築師「妹島和世」將小島設計成一個適合休憩的煙囪小島，躺在精煉所美術館外，都有一種與世隔絕的感覺。這裡也跟直島一樣有融合老屋、藝術、改造等家計畫的設計。犬島雖然極小，但卻讓很多人難忘，也許這就是設計師成功大改造的最佳案例吧！

　　當然，前往犬島是有點麻煩的！首先船運的班次很少，再來則是週二完全沒有船隻運行，還是建議在瀨戶內海美術季時過來。

交通建議

　　從 JR 岡山站搭「赤穗線」到西大寺站，再轉搭巴士前往「西寶傳」站下車。在「寶傳港」搭乘前往「犬島港」的船隻，船程約 10 分鐘；也可以從豐島搭高速船前往，但請注意班次和費用。

船票：400 日圓（寶傳港～犬島港）
回「寶傳港」最晚船班：一般日 18:30，周日 17:00

岡山最推薦祭典，選擇適合你的觀光行程

夏季
桃太郎祭（岡山市）

　　每年八月上旬的假日所舉行的桃太郎祭，是岡山整個夏季最重要的祭典，為了打跑溫羅一族，打倒惡鬼，更要驅鬼避邪，常保身體健康。特別是保護孩童，所以這個祭典是不可缺少的。由於祭典就在岡山市中心，非常容易到達，所有參加祭典的人臉上都會畫上鬼怪的標示，穿著非常可愛的祭典服裝，集體的跳起驅魔舞，活動舉辦的第一天也會在岡山市施放盛大花火，若在八月抵達岡山，千萬別錯過這個祭典。

冬季
西大寺裸祭（JR 西大寺站的西大寺）

　　日本三大聞名全球的祭典之一，就屬裸祭讓人最熱血沸騰了，主要原因是舉辦的日子是在冬天啊！每年二月的第三個星期六，就會看到非常多非常多的裸男（穿著布襠，稱為「褌 fundoshi」），爭奪兩片巨大的寶木，晚上 7 點則施放花火，並且在晚上 10 點左右將寶木丟進河中，完成一年一度盛大的裸祭。參加裸祭的男子並沒有國家限制，所以遊客若想加入也可以，只是，在二月如此冷的寒冬，身邊觀看的人都穿著厚重大衣，跟脫的精光的裸男，真的是形成雋永的對比。

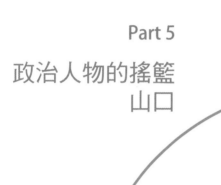

Part 5

政治人物的搖籃
山口

政治人物的搖籃
山口

孕育日本政治人物是山口縣最大的特色！從德川幕府末年，到明治初年，甚至到現任的總理安倍晉三，都是山口縣人。位處一半山陽、一半山陰；山陰的山口作育英才，山陽的山口振興日本。甚至可以說，如果沒有了山口縣（前長州藩），就沒有今天的日本，就算現在的山口縣在日本不過是就只是個鄉下地方，卻是個不可或缺之地；山口的特別不只在於政治，也在於地形、地理位置。本書中主要介紹山陰地區的山口縣，即荻市、長門市為主，至於屬於瀨戶內海的山陰地區，並不介紹，還盼理解。

淺談山口

山口的大多數知名地方都算在山陽地區，像是下關市、山口市、岩國市等，相對起來也是較熱鬧且暖和，交通也非常方便的地方，與廣島的超有名景點「宮島」相當接近，可是山陰地區就不是這樣了。山口縣的山陰地區是明治維新的發源地，主要包括山口縣的北部地方，像是萩市、長門市，還有和日本海相鄰的地方。和相對少雨的瀨戶內海區域比起來，山陰的山口縣不但雨量較多，冬天也較冷，降雪量也多很多，居住的人口當然也差很多，真是同一個縣市兩個世界呢！

這次我們介紹的，是比較少人會前往的山口縣的山陰地區。這裡有著促進明治維新的人事物，由吉田松陰老師教授新學新知的明倫館，以及外國人很喜愛的湯本溫泉，還有以「日本美景31」聞名的元乃隅稻成神社，偶像劇和日本廣告最喜歡的拍攝地「角島」。來到山口縣，雖然大多都是搭慢車，但是在緩慢行駛的電車當中旅行，沿著日本海前進，也別有一番風味。

山陰的山口美食

山口縣是個得天獨厚的地方，山陰與山陽地區各有不同名產，像是山陽方面以河豚以及鐵板蕎麥麵聞名，「那麼山陰呢？」山陰當然也有山陰的名產，那就是日本海豐富的海產恩賜。

夏柑

不一定在夏天盛產，卻取名為夏柑的水果，是比橘子還大的多瓣、柑橘類水果。萩市的夏柑非常有名，像是夏柑冰淇淋，就是把夏柑製成果醬後，淋在夏柑為底的冰淇淋上。夏柑甜點，則是將新鮮的夏柑作成果凍後，再放入夏柑皮中。夏柑可以作成的甜點很多，包括夏柑果汁也是桌上不可缺少的絕佳點綴。

見蘭牛肉

「見蘭牛」是日本和牛中相當昂貴的牛肉，因為牛隻生活的環境要求嚴格，所以只有在山口的山陰地區，才能吃到比較便宜或是量多一點的見蘭牛。不過相對的，見蘭牛專賣店也比較不好找，只有好一點的餐廳才會提供見蘭牛肉。大老遠難得來到萩市，就將荷包打開吧！

山陰版的焗烤咖哩飯

如果在福岡的門司港吃過焗烤咖哩飯，那麼就會覺得「山陰的焗烤咖哩飯會有多大的不同？」當然口味一樣好吃，但多了比較多的蔬菜，而且咖哩飯也屬於顏色比較深的黑咖哩。日本有太多不同的咖哩飯，焗烤咖哩飯是喜歡吃咖哩飯的人不可錯過的。

萩市循環巴士

　提供萩市市區內運行的循環巴士「萩循環まぁーるバス」，共分成橘色的「西回り」和藍色的「東回り」兩個方向。

　西回り指的是以城下町為中心的「晉作くん」號，東回り則是以往松陰神社為主的「松陰先生」號。每乘坐一次為100日圓，另有售一日券500日圓（二日券700日圓）；每30分鐘一班車，營運、發車時間為 7:00 至 17:30，要注意！

好複雜的萩市巴士路線

━━━ 山陰鐵道
━━━ 巴士西回路線
━━━ 巴士東回路線
● ● 最近巴士站下車點
　　東西回巴士交換站

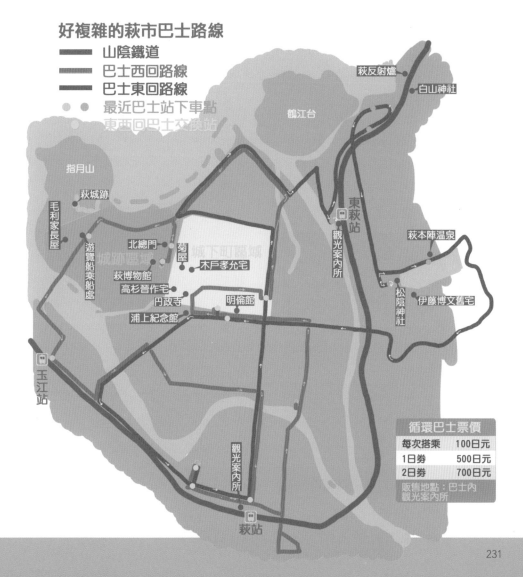

萩反射爐　白山神社　鶴江台　指月山　萩城跡　毛利家長屋　遊覽船乘船處　北總門　菊屋　城跡通り　城下町區域　木戸孝允宅　萩博物館　高杉晉作宅　円政寺　明倫館　浦上紀念館　玉江站　東萩站　觀光案內所　萩本陣溫泉　松陰神社　伊藤博文舊宅　觀光案內所　萩站

循環巴士票價	
每次搭乘	100日元
1日券	500日元
2日券	700日元

販售地點：巴士內
觀光案內所

明治維新胎動聖地，萩市

萩市分成「萩」與「東萩」兩個部分，在 JR 山陰本線上只有一站的距離。萩市城跡和溫泉區位於東萩；至於明倫館、松陰神社等下町風情則在萩市。也許是因為搭電車只有一站的距離，走著走著也沒有很遙遠的感覺呢！

萩市官網：http://www.hagishi.com

城下町的萩市老街（保存區）

山陰地區的白壁土牆老街真的很多！這些都是江戶時期用來儲存貨物、釀酒的商行。不過，這當中也混著部分武士的住處，如果發現該房子必非白壁

土牆，牆下還漆成格子狀，那就是當時下級武士之家。

別小看這些房子，這裡可是孕育了許多明治維新的名人，像是高杉晉作、桂小五郎（木戶孝允）等等，所以除了沿途的白壁商店以及武士之家外，還有不少當時維新之志的名言。在這個城下町，除了逛逛商店，進入孕育維新人士出生地之外，走在這個充滿明治維新氛圍的古道上，得要懷著一份「啊！有以前的他們，才有現在的日本。」的感謝之情。

由於萩市的老街保持得相當完整，所以當地也推出「穿和服逛萩市」的活動，每次的租賃價大約 4,000 至 5,000 日圓；是不是值得花這筆錢，需要好好思考一下。至於「人力車散策」，有沒有必要，得看個人。畢竟老街並沒有相當大，而且有許多地方可能需要停下來好好看個仔細，或是進入參觀。有時，看到很有日本古早味的咖啡館想要進入喝咖啡，都會因為坐在人力車上而錯過了。來到萩市這裡，我的建議緩慢散步與享受氣氛即可。

菊屋

　　呈現棋盤格狀縱橫交錯的老街，值得進入參觀的地方很多，其中以當時的富豪擁有的「菊屋」，最能完整呈現江戶時代商人的生活。菊屋裡包括了本屋、金庫，還有米倉等等。由於菊屋的主人是當時的藩主毛利輝元最大的金援來源，所以菊屋主人也得到許多特別的優惠，像是整個菊屋占地就有兩千坪之大，目前僅公開菊屋三分之一的部分，讓人參觀。在進入秋天的 10 月開始，會有為期兩個月「秋之庭園」的期間限定開放（平常並不開放參觀庭園）。

交通建議

　　搭乘橘色的「西回り」萩市循環巴士，在「萩博物館前」站下車。

地址：萩市吳服町 1-1
入館費：650 日圓
入館時間：9:00 ～ 16:45
公休日：12 月 31 日

高杉晉作誕生地

　　很多研究日本維新史的人，應該都
有這樣共同的想法：「如果不是高杉晉
作太早過世，不然首相也不會輪到伊藤
博文。」高杉晉作就是這樣一位得到極
高評價的維新之士，不但聰明，他更有
無比的勇氣與毅力。唯一可惜的就是身
體羸弱，還來不及等到大政奉還就年輕
離世。但也因為這樣，高杉晉作成為許
多日本人的偶像，象徵著改變與勇氣。
同時，高杉晉作也是接受長州藩主邀請，
前往英國培養的八位志士之一，寬廣的
眼界更令人佩服。

高杉晉作出生在荻市，是長州藩武士的兒子。在他誕生、成長的屋子裡，可以找到相關的許多資料，像是結婚照、待在此屋中的用品等等。其他相關的歷史資料都在萩博物館收藏、保存著。由於這裡屬於個人私宅，為不定期公休，若有機會遇到負責看管的工作人員時，不妨聽聽高杉晉作與長州藩主的故事（要懂日文），會得到許多令人動容的故事。

交通建議

搭乘橘色的「西回り」萩市循環巴士，在「萩博物館前」站下車。

地址：萩市南古萩町 23　入館費：100 日圓
入館時間：9:00 ～ 17:00　公休日：不固定（私人宅邸）

圓政寺

早在鎌倉時代，圓政寺（円政寺）就已經存在，當時裡頭還有一間庇佑海運順利的金刀比羅神社，也就因為這樣，圓政寺裡才會出現天狗的面具，一直到日本實施神佛分離後（佛教與神道教）後，這裡才維持原本的圓政寺寺名，並且融入了另一座寺廟。不過原本的金刀比羅神社依舊在原址，算是分得很不乾不淨，但也許也是當地人習慣了，既然神社也不反對，寺廟也不拒絕，就一直處於神佛同住一屋的概念。此外，這裡也曾經是高杉晉作與伊藤博文年幼時一起遊玩的地方，高杉晉作小時玩樂的木馬還一直保留在此。

交通建議

搭乘橘色的「西回り」萩市循環巴士，在「萩博物館前」站下車。

地址：入寺費：200 日圓（寺廟要入寺費用，神社不需要）
開放時間：8:00 ～ 17:00 ／無公休日

松陰神社

供奉維新之士恩師「吉田松陰」的神社。吉田松陰，日本維新的先覺者，是位在幕府末年不得不認識的偉大人物！為了求取更多的學問，吉田松陰走遍日本許多不同的地方，最後，他為了學到更多日本沒有的知識而選擇偷渡出國，沒想到，這個舉動竟然沒有成功。雖然美國人沒有舉報松陰的偷渡計劃，但秉持著至誠的精神，他仍決定自首。遭到軟禁之後，他在自己家中開設私塾，不分貧富貴賤廣收學生，教授正確並且能自由流傳的學問。在他的學生中，最有名的是貧窮人家的小孩伊藤博文、出生於下級武士之家的高杉晉作、桂小五郎等，過世前還留下了名言，最後遭砍首而亡。

明治維新後，多位松陰之前所教授過的學生，要求日本政府必須為松陰建立神社，同時將當時的私塾與松陰之家搬到神社中，並且不定期會開設松陰學堂，讓遊客體驗當時吉田松陰的教學。大約十多年前，還在此開立了吉田松陰歷史館，將吉田松陰短暫的二十九年人生展現出來，「至誠」為吉田松陰一生的圭臬。

「吾今為國死，死不背君親。悠悠天地事，鑑照在明神。」為吉田松陰的辭世之詩，供奉在吉田松陰的神社中。

在這裡，所有的籤詩也都來自松陰的學問語錄，所以請記得為自己要抽一支傘籤。由於吉田松陰生前為武士，有撐傘的資格所以傘為其代表，傘籤內有不同的天氣，像是快晴（大吉）、小雨（吉）、雨（小吉）、大雨（凶）等不同的籤詩。為什麼籤詩都有下雨的感覺？因為下雨才需撐傘，越接近放晴越是大吉。另外，也可以買一個松陰笛護身。吉田松陰雖然不是神級人物，但由於一生都在學習

更多的學問，同時也積極辦教育讓各階層的人都可以學習新知，所以也被稱為學問之神，在這裡也可以買到與學問的御守。

松陰神社是萩市一定要去的景點，不管繞多遠，記得都得前往松陰神社一趟，為一位至誠的人獻上敬意。

交通建議

搭乘藍色的「東回り」萩市循環巴士，在「松陰神社前」站下車。

吉田松陰歷史館
入館費：500 日圓　營業時間：9:00 ～ 17:00 ／無公休日　＊神社本身不須門票

伊藤博文舊居

日本第一任首相，也擔任多次首相之職，並且與中國簽下《馬關條約》的伊藤博文，是吉田松陰得意門生之一。伊藤博文在當時社會中，是不可能接受教育的貧窮農家孩子。伊藤博文到底有多貧窮呢？若先到萩市老街，看過高杉晉作的武士之家，再來到伊藤博文的舊居，會發現，很明顯的他們是「兩個世界的人」。若不是吉田松陰的有教無類，不分貴賤的平等教育，山口縣也不會出現許多推動日本維新的志士，更不會有伊藤博文這位在日本史中的第一位首相了。

如同吉田松陰所說，學問可以改變人的一生，平等可以改變人的地位，對比旁邊伊藤博文成為首相後搭蓋的別邸，證明了吉田松陰所預言的未來的日本。

交通建議

搭乘藍色的「東回り」萩市循環巴士，在「松陰神社前」站下車。

地址：山口縣萩市椿東 1515，松陰神社旁
＊一旁別邸為個人財產不可進入，但舊居開放自由參觀。

萩八景遊覽船

　　遊覽萩市美麗的風景，最方便的就是利用萩八景遊覽船。搭乘遊覽船，可以在橋本川上遊覽萩城跡下的各種風光。身為山陰最大城市的萩市，有著最自然的風光以及古老的建築，就在這 40 分鐘的航程中，好好乘船慢慢欣賞吧！

交通建議

　　搭乘橘色的「西回り」萩市循環巴士，在「萩城跡・指月公園入口」站，下車即達。

船費：1,200 日圓
營運時間：3 月至 10 月 9:00 ～ 16:00，11 月 9:00 ～ 15:30
營運季節：3 月至 11 月，雨天停駛

小知識　吉田松陰與明倫館

吉田松陰是幕府末年極具影響力的人物之一，他與另一為維新之士坂本龍馬是好朋友，這兩位的共通點都是「想偷渡離開日本都偷渡不成」，而且還等到不到日本維新時代來臨就驟然離世，可說是日本史上的兩大損失。

吉田松陰是個愛好學問者，也沒有任何貴賤觀念，尤其在知識上，不吝於分享給各式各樣的人。「明倫館」為當時吉田松陰還是武士時期，由思想開明的毛利藩主所設立的私塾，用以培養人才。原為武士的吉田松陰，由於偷渡之罪，為了不連累毛利藩主，決定脫藩成為浪士（與坂本龍馬一樣），深信唯有學問可以改變世界，可以改變世襲的貧富差距。雖然最後仍慘遭極刑，但卻留下許多深具影響力的話語，改變當時的日本的學生們。

【世界遺產】萩反射爐

沒有成功、禁止運作、從未執行，卻成為世界遺產的萩反射爐，是萩市的維新之士們在幕府末年的希望象徵。

由於德川幕府末年，歐美列強強勢要求日本開放貿易，加上黑船頻頻來襲，槍砲也不停輸入至原本只有刀箭弓，強調武士道精神的日本。「再怎麼強的武士都無法抵擋槍砲」，於是一心期盼能夠與歐美並駕齊驅，並且制衡腐敗幕府的維新之士們，設計了這座反射爐，期望能用來鑄造大砲用的鐵製砲彈，以抵擋攻擊。

不過，這座反射爐是個遭到「拒絕使用」的建築，即使當時的毛利藩主力爭砲彈的製作，也請了有製作砲彈經驗的佐賀藩士來協助，但還是遭到當時的德川幕府拒絕。即使最後仍下令繼續建築，一直到維新後，這座高 10.5 公尺，用來製作砲彈的反射爐，從頭到尾都沒有運作過。

保留至今的反射爐，是一個象徵，也因此成為文化遺產，是日本史上的重要遺跡，見證當時長州藩欲力枉狂瀾之作。文化遺跡目前可自由參觀，但禁止進入。到目前為止，還留有下類似反射爐的地方，包括有靜岡縣的韮衫、鹿兒島縣的集成館，這三座反射爐都是現在最為珍貴的產業技術遺跡。

交通建議

搭乘藍色的「東回り」萩市循環巴士，在「萩しーまーと」站下車。

PLUS
山口溫泉情報　萩市溫泉 ──────

萩市的溫泉集中在 JR 東萩站，可以預約溫泉旅館的迎賓車，在 JR 東萩站等待後，就直接前往溫泉鄉。這裡的溫泉鄉距離萩城跡很近，也距離海邊很近，休息的時候不妨逛一下萩城跡，還可以面對著日本海泡泡足湯喔！

深受外國人喜愛的湯本溫泉

位於山口的內陸市，倚賴著大山連峰活火山，進而形成「長門湯本溫泉鄉」。這裡是少數幾個位於深山，卻不斷有歐美觀光客前往的溫泉鄉，實在令人驚訝！

這個從被發現至今大約僅有六百年歷史的湯本溫泉，有著許多大城城主相繼前來泡湯、造訪的真實紀錄，也代表著湯本溫泉真的是一個能消除疲勞，並且是能立即恢復戰力的好溫泉。

交通建議

1・搭 JR 山陰本線至「長門市」站，轉搭「美禰線」至「長門湯本」站下車。
2・搭 JR 山陽本線至「新山口」站至「厚狹」站後，轉搭「美禰線」至「長門湯本」站下車。

湯本溫泉鄉

通常山中的溫泉都屬於透明無味，湯本溫泉也一樣。透明的泉質由於與肌膚的酸鹼值相近，所以這裡的溫泉也被稱為「美肌溫泉」。即使溫泉水溫度稍微高了一點，但加一點冷水後，就變成傳說中可以治療多種疲勞的溫泉。

當然，每個溫泉鄉都有很多傳說，湯本溫泉也有類似「高僧看見龍飛上天後，冒出溫泉水」這類傳說，所以湯本溫泉還有「神授之湯」之稱。繪聲繪影不只高僧，還有像是「有靈性的白鶴在此醫治傷口」之類，但唯有一個絕非傳說！那就是：「戰國日本六百年來，許許多多的城主、武士都在此泡過溫泉！」

當然，除了城主、武士，平民也會前來，於是這個身為「神授之湯」的湯本溫泉分成「禮湯」：僅提供武士與僧侶使用，接近湯本溫泉的泉湧之處。至於溫泉下方則是一般人可泡的「恩湯」。

這樣有身分別的泡湯習慣一直流傳到幕府結束，但是即使幕府時代早已結束，湯本溫泉依舊保持著「禮湯」與「恩湯」的文化和兩棟建築物。

此後，附近依湯而建的溫泉旅館孕育而生。隨後這裡也被愛好日本史的歐美人士給占領了，畢竟這裡可是多位城主與武士愛好的溫泉啊！

湯本溫泉公眾浴場「恩湯」

傳說中，恩湯有著平民之神「住吉大明神」的祝福，所以這裡湧出的溫泉是從腳底湧出的，也是最接近「人」的溫泉。尤其是恩湯中的男湯，更被稱為奇蹟之湯。恩湯的牆壁上刻有住吉大明神的神像，如果只有一天泡湯的時間，建議可以前來這個公眾浴場泡湯，讓住吉大明神祝福吧！

入浴費：900 日圓
營業時間：10:00 ～ 22:00
公休日：每個月第 3 個星期二
網站：http://yumotoonsen.com/（湯本溫泉旅館協會）

湯本溫泉公眾浴場「禮湯」

一直以來都沒有對外開放的禮湯，即使幕府結束，已經沒有武士平民之分，仍有一陣子處於關閉的狀態。再加上在位置上，處在比恩湯更高更遠的山上，所以過去大部分的人還是選擇前往恩湯入浴。不過，禮湯已在 2019 年正式結束營業，僅留泉源遺跡供憑弔。

湯本溫泉的愛戀傳說，音信川

有著紅色拱橋的音信川，曾經有著思戀著丈夫的湯女（ゆな）因為過於愛戀著久未見面的丈夫，在橋上寫下戀文後，即投河自盡的故事，進而讓人感動、知名。戀文上這樣寫著：「川水流著，就像我的心情，流到那個人的身邊吧！」、「愛戀讓人如此焦慮，連蟬在春末鳴叫起來。蟬的鳴叫聲，卻讓螢火蟲認為夏天來了而更加焦慮」。美麗戀文的意思是：原本在夏天來臨之際就應

該消失的螢火蟲，在夏夜裡顯現出美麗、耀眼的光芒，這才因此帶回丈夫的音訊，而螢火蟲的身影映著川水也更顯嬌豔。

音信川的傳說就像這樣的美麗、溫暖的河川，傳來像「音信」一樣的聲音，讓應該在六月就消失的螢火蟲，在夏夜依舊出現在音信川上。但是說實在的，有跳河傳說的川水，真的有那麼浪漫嗎？ 不過，這音信川的愛戀故事，可以在附近的商店買到「戀短冊」，是一張50日圓的書籤。你可將自己愛戀的心情寫在短冊上，然後放在川水中，讓它流走並融化於水中，傳說這樣就會得到對方的音信了。

日本美景 31，元乃隅稻成神社、龍宮與角島大橋

由美國有線新聞網 CNN 選出的「日本美景 31」（日本の美しい風景 31 選）中，最吸引人，也最為有名的，就屬「元乃隅稻成神社」了。這個依著地形，有 123 座鳥居並列而成的神社，從下方一直延續到日本海的角落懸崖，而懸崖的地下就是傳說中的龍宮。

龍宮

龍宮，是一個有小洞的玄武岩懸崖。當漲潮時，特別是遇到大潮時間，從海的那頭衝過來的海浪，會直接拍打到崖上，掀起超高的浪花；有時，甚至會超過你視線能見的高度。由於崖下有個小洞，所以當浪花掀起時，小洞裡會發出浪花的回音。

若想要欣賞這樣的景致，每日大約在下午 3 點會開始漲潮，在接近 4 點 30 分左右，就有大浪出現。當然，最大的浪潮會出現在強風的傍晚。特別提醒的是，由於這裡是非常高的懸崖，底下就是大海了，所以觀賞浪花時務必、絕對要小心！

元乃隅稻成神社

　　很多人會問到，「為什麼有些神社的鳥居是石頭色的，有些是紅色的？」其實紅色的矮鳥居是最好辨識的，這些紅色鳥居一定都是稻荷神社的鳥居。「稻荷」指的就是狐狸（きつね），至於這些鳥居本身則是由附近的店家、有名人等捐獻而來（紅色鳥居上都會寫上捐贈者的名字），就這樣一個接個一個，靈驗的稻荷神社也就會有許多鳥居。每座鳥居依大小不同，捐獻費用從 3 萬到 100

萬日圓不等，也有一些是先蓋好，再等人來認捐，寫上名字。

　　元乃隅稻成神社也是這樣，但不同的是被稱為「稻成」神社而非「稻荷」神社。這是因為這個神社還有「大願成就」的非常靈驗意思，所以才會將比較小的「稻荷」改稱為「稻成」，所有心願讓你一次完成！這也是元乃隅稻成神社最有名的一點。而且，不只是大願成就，這裡同時也像一般的稻荷神社一樣，主要庇佑商賣繁榮，以及開運解厄等。

當然，元乃隅稻成神社的位置以及搭建的方式，就是非常美的特色了，最大鳥居就佇立在懸崖之前，蜿蜒的鳥居如一條紅龍般，配合藍天碧海與綠意，怎麼說都是最豔麗的景緻。再加上，神社內的賽錢箱位於約6公尺高的第一鳥居上，想要將供奉的錢投進賽錢箱中，除了要準之外，還要有一定的腕力與運氣，因為它可是比宮島的嚴島神社鳥居還要難投進啊！看來，可能是賽錢箱的口實在太小，所以這應該也是為什麼投進賽錢箱的人，願望得以實現的關係吧！畢竟要有毅力、好運氣，才有辦法將錢投入這麼高的賽錢箱中。

交通建議

最近車站 JR 長門古市站，租單車、步行或是搭計程車前往。另外，因為周邊沒有太多商家和餐館，若要用餐，只有一家「汐風」可以選擇。

6 公尺高的賽錢箱

這裡是狐狸神社

PLUS
自由行的省錢玩法 租單車，用體力換金錢

如果對自己的腳力很有自信，或是覺得既然是自由行，為啥要多花錢搭計程車？那麼，不妨來租單車吧！

租單車不管到東後畑棚田、千疊敷、元乃隅稻成神社都很方便，只是比較花時間和體力。請注意，這一路上不見得可以遇到便利商店，除非都走汽車道，不然請記得帶充足的水和簡單的食物。

順帶一提，雖然說一開始是很好騎的路段，但一經過 JR 仙崎站後，就會開始出現上坡，若不想太累、出太多力（像我），就租用電動車吧！因為爬坡真的太辛苦了。由於來回大約有 40 公里左右，請早點出發以方便還車。

租單車處：JR 長門站觀光案內所
營業時間：9:00 ～ 16:30
租金：一般單車（無變速）全天 500 日圓； 專業單車（有變速）全天 1,000 日圓；電動單車（超輕鬆）全天 1,300 日圓，外加電池一顆，通常 4 小時要更換一次電池。每租一台車需另外支付押金 1,000 日圓，押金於還車時退還。

東後畑棚田

　　山口面向日本海的部分，剛好是海灣處，絕佳風景不少。日文「棚田」就是梯田的意思，東後畑的棚田相當有名，不過如果是白天前來棚田，沒有多大的意義，因為就只是一般的梯田而已。建議多等一段時間，在4月至11月之間，大約下午5點開始，太陽較晚落下，夕陽時間也較晚，此時前往棚田比較有拍照的意義。

　　如果你也跟我一樣，選擇用省錢的方式騎單車去元乃隅神社，那麼不妨先回到JR長門站還車之後（約下午4點），然後再搭列車到JR長門古市站，往棚田方向走去，這裡必須預留一小時的步行

時間，因為距離有 5 公里左右，而且是上坡，還要記得帶上手電筒。

　棚田這地方推薦給愛好攝影的旅者，因為周圍沒有什麼特別的東西，若不是很喜歡拍照或自然風景，就可以跳過這地方，不用多浪費腳力。

交通建議

　最近車站 JR 長門古市站，租單車、步行或是搭計程車前往。

長門市觀光資訊

PLUS
官方建議的奢侈玩法　長門市的觀光行程

由於長門市擁有許多特殊的自然景觀，像是「北長門海岸國定公園」，而且通通都在遙遠、難以前往的海邊，所以長門市一直以來也只有湯本溫泉受歡迎。為了增加更多非自駕或外國遊客對長門市海岸景點產生興趣，便推出了「長門市觀光路線行程」。玩法非常簡單，行程也是從 JR 車站開始，再回到原來的車站，讓搭乘 JR 使用周遊券前來自由行的人更為安心。建議 2 人以上同行較為划算。

■ A 套觀光行程「元乃隅稻成神社」路線，全程需 2 小時

　JR 長門市站 → 元乃隅稻成神社 → 千疊敷 → JR 長門市站。

■ B 套觀光行程「金子美鈴紀念館」路線，全程需 2 小時

　JR 長門市站 → 金子美鈴紀念館 → 森廚房（山口新購物中心）→ JR 長門市站。

金子美鈴紀念館（金子みすゞ記念館）
網站：http://www.city.nagato.yamaguchi.jp/site/misuzu/

角島大橋

　　山陰本線經過了兵庫、鳥取、島根、山口，終於來到了終點，有著日本第一美之稱的「角島大橋」（つのしまおおはし）。同時，這裡曾是青春 18 套票的海報拍攝處，也是許多汽車廣告的拍攝景點，更是木村拓哉演出的《HERO》電影版出現的片段之一，知名碧綠海上蜿蜒的角島大橋。

　　過去，這個一直只能遠遠看的角島，

自 2000 年大橋落成開通了之後，終於可以開車直達。由於這裡的海並不深，所以經過角島大橋時，日本海岸透明、清澈的海水，就這樣落映在眼前。前往角島的路上，會先經過一個三角形的小島，然後再蜿蜒進入角島，這樣的風景讓在上頭開車的人神清氣爽，而在一旁山丘上猛按快門、拍攝美景的攝影愛好者，即使等到黃昏燈亮，也遲遲無法離開或移動腳步，這就是山陰最吸引人的地方！海岸的美困住了愛好自然的你。

角島大橋位於山口縣最西北的位置，離熱鬧的萩市有點距離。像這樣的地方，旅客較少，大多都是攝影愛好者才會前往。如果運氣好，建議可以在最近的 JR 特牛站，跟別人共乘一台計程車。如果早點到達，轉搭巴士也是不錯的選擇。

所有的攝影愛好者都認為，角島大橋的起點，也就是紅綠燈（信號機）的交叉路口是最美的地方，加上人真的很少，車也很少，能拍出無人無車的大橋是非常容易的事。如果更喜歡拍大橋與海的感覺，登上大橋旁的小丘步道上拍攝，可以拍到不錯的照片喔！不過，這裡真的就是山口縣的邊邊角角，除了拍照外，就剩下曬太陽的樂趣了。

交通建議

最近車站是 JR 特牛站，出站後請轉搭前往角島的巴士，或是尋找共乘計程車；走路也是可以到達，只是很遠而已。

夏季限定 山口祭典（山陰部分）

7月 弁天神事花火大會

固定在每年舉辦的 7 月 28 日的弁天神事，是萩市最大的花火大會，同時也稱為須佐弁天祭。花火會從萩市旁的三座山施放，落在須佐灣上，非常壯觀。由於在須佐灣的須佐漁港舉辦，所以會有很多海鮮小吃屋台，搭配啤酒十分爽快！

地點：須佐漁港
花火時間：20:00 ～ 21:00，遇雨延至 7 月 29 日
交通：JR 須佐站步行約 5 分鐘

8月 萩市花火祭

每年從 8 月 1 日開始連續舉行 3 天的萩市花火祭，第一天為日本海大花火大會，主要會朝向日本海方向施放；至於 8 月 2 日至 8 月 3 日則是要穿著浴衣的「萩夏祭」，如果剛好住宿在東萩的溫泉鄉，可直接穿著溫泉店提供的浴衣。舉辦的位置在萩市的田町商店街，除了屋台之外，還包括了裝飾得金光閃閃的船車，以及迎神車列。

花火大會時間：8 月 1 日的 20:00 ～ 21:00，遇雨延至 8 月 4 日
萩夏祭時間：8 月 2 日至 8 月 3 日的 18:00 ～ 23:00
交通：JR 東萩站步行約 15 分鐘

8月 湯本溫泉納涼盆舞大會

溫泉，真的不適合在夏天泡，所以夏天會出現在溫泉鄉的祭典實在不多。嘿！湯本溫泉才不管這個道理，硬是要在熱氣衝天的夏天辦熱呼呼的祭典。傳說中，在湯本溫泉鄉音信川旁的千代橋，會舉辦夏天的納涼盆舞大會，然後也會有水燈大會及花火大會，都是炎熱的溫泉鄉舉辦喔！

舉辦日期：八月的第二個周六
舉辦時間：18:00 ～ 21:30
交通：JR 長門湯本站

世界遺產、夢幻砂丘、絕景古城、美食祭典，
最完整的自由行程規劃【2023 ～ 2024 年版】

鐵路周遊券＋青春18交通全攻略

玩遍 岡山 甚 鳥取 甚 山口 甚 島根

山陰山陽

作　　　　者	米多力
責 任 編 輯	蔡穎如
封 面 設 計	走路花工作室
內 頁 設 計	林詩婷
行 銷 企 劃	辛政遠、楊惠潔
總 編 輯	姚蜀芸
副 社 長	黃錫鉉
總 經 理	吳濱伶
首 席 執 行 長	何飛鵬

出　　　　版　創意市集
發　　　　行　英屬蓋曼群島商家庭傳媒股份有限公司城邦分公司
　　　　　　　Distributed by Home Media Group Limited Cite Branch
地　　　　址　104 臺北市民生東路二段 141 號 7 樓
　　　　　　　7F No. 141 Sec. 2 Minsheng E. Rd. Taipei 104 Taiwan

讀者服務專線　0800-020-299 周一至周五 09:30 ～ 12:00、13:30 ～ 18:00
讀者服務傳真　(02)2517-0999、(02)2517-9666
E - m a i l　service@readingclub.com.tw
城 邦 書 店　城邦讀書花園 www.cite.com.tw
地　　　　址　104 臺北市民生東路二段 141 號 7 樓
電　　　　話　(02) 2500-1919　營業時間：09:00 ～ 18:30

I S B N　978-626-7149-69-0（紙本）／ 978-626-7149-78-2（epub）
版　　　　次　2023 年 7 月二版 2 刷
定　　　　價　新台幣 399 元（紙本）／ 279 元（epub）／港幣 133 元

製 版 印 刷　凱林彩印股份有限公司

國家圖書館預行編目 (CIP) 資料

山陰山陽：鐵路周遊券＋青春 18 交通全攻略，玩遍岡山、鳥
取、山口、島根 / 米多力著 – 二版 . -- 臺北市：創意市集出
版：英屬蓋曼群島商家庭傳媒股份有限公司城邦分公司發行，
2023.04
　　面；　公分
　ISBN 978-626-7149-69-0　（平裝）

1. 旅遊　2. 日本山陰道

731.7619　　　　　　　　　　　　　112002192

香港發行所　城邦（香港）出版集團有限公司
香港灣仔駱克道 193 號東超商業中心 1 樓
電話：(852) 2508-6231
傳真：(852) 2578-9337
信箱：hkcite@biznetvigator.com

馬新發行所　城邦（馬新）出版集團
41, Jalan Radin Anum, Bandar Baru Sri Petaling,
57000 Kuala Lumpur, Malaysia.
電話：(603) 9056-3833
傳真：(603) 9057-6622
信箱：services@cite.my

＊ 本書刊載的資訊，如周遊券、青春18、一日券等車票交通費用，或營業時間、活動資訊、
　餐費等，以作者執行、調查截止日 2023 年 3 月底為依據，實際情況依當地提供資訊為準。